SYRIEN – EIN LAND IM WIDERSTAND

Mehr als ein Reisebericht

von Eva und Markus Heizmann

# Syrien – ein Land im Widerstand

## Mehr als ein Reisebericht

von Eva und Markus Heizmann

Impressum

SYRIEN – EIN LAND IM WIDERSTAND

Die Beiträge dieser Publikation sind transkribierte Gesprächsprotokolle und verarbeitete Notizen von Eva und Markus Heizmann. Weitere Beiträge stammen aus Referaten, die beide gemeinsam an verschiedenen Orten in der Schweiz, Österreich und Deutschland gehalten haben.

Das Ende dieser Geschichte ist noch nicht geschrieben.

Wir grüssen mit dieser Publikation das syrische Volk und all unsere solidarischen FreundInnen.

Rückfragen, Anregungen, Kritik an:
buendnis.gegenkrieg@gmx.net
oder direkt an den Verlag.

Theorie und Praxis Verlag
Goldbachstr. 2
D 22765 Hamburg
Tel: 040 – 38 61 38 49
info@tup-verlag.com

www. tup-verlag.com



ISBN 978-3-939710-32-5

# Inhalt

*Denkmal von Sa'al Din (Befreier von al Quds, Jerusalem) in Damaskus*

# Syrien – ein Land im Widerstand

## Zum Geleit

Liebe Leserin,
lieber Leser,
Zur Zeit, da wir mit dieser Publikation an die Öffentlichkeit treten, ist die Lage in Syrien nach wie vor angespannt. Zwar ist – wie Sie im zweiten Teil dieses Buches lesen können – einiges ruhiger geworden. Doch trotzdem ist Syrien noch immer ein vom Imperialismus angegriffenes Land und wird dies wohl leider noch für längere Zeit bleiben; es ist ein Land im Widerstand. Wir haben Syrien mehrmals bereist, dessen Regierung und Armee in den westlichen Medien fast ausschliesslich diffamiert und diskreditiert werden. „Welcome to Syria" – auch jetzt in den Zeiten der offenen Aggression gegen das Land ist diese Begrüssung gegenüber Fremden allgegenwärtig in Syrien. Wir durften immer wieder erleben, dass dies keine leere Floskel, sondern gelebte Realität ist. Die Menschen in Syrien wissen sehr wohl zu unterscheiden zwischen der verbrecherischen Politik der Regierungen der USA, der NATO-Staaten und deren Vasallen und den Menschen, die unter diesen Regierungen leben und oft genug auch leiden. Wir durften erfahren, dass das Bild, welches die Medien eben dieser Regierungen von Syrien vermitteln, nicht einmal ansatzweise den Gegebenheiten vor Ort entspricht. Die Berichterstattung zu Syrien ist oft bzw. fast immer Kriegspropaganda, welche dazu dient, die Menschen in den Aggressoren-Staaten zum Schweigen zu bringen.

Unsere Publikation hat den Anspruch, dieses Schweigen zu durchbrechen. Wir haben nicht den Anspruch, ultimative Wahrheiten zu verbreiten. Wir haben jedoch den Anspruch, die syrische Realität so, wie wir sie erlebten, zu schildern. Wenn Sie sich, verehrte Leserin, verehrter Leser, von dieser Schilderung verunsichern lassen, dann ist das gut. Die Sicherheit, in der uns „unsere“ Medien wiegen, hat nichts mit dem zu tun, was wir, was alle, welche Syrien kennen, erleben und wissen. Der Krieg, mit welchem das syrische Volk seit 2011 konfrontiert ist, hat seinen Ursprung hier, in den Gesellschaften des Westens, deren Politik nicht von Werten, sondern von Macht- und Profitdenken gelenkt wird. Der syrische Staat ist ein souveräner Staat mit einer gewählten Regierung, die eine komfortable Mehrheit des Volkes hinter sich weiss. Ein wie auch immer gearteter Wechsel dieser Regierung ist alleinige Sache des syrischen Volkes. Jede Armee, jede bewaffnete Gruppierung, die in Syrien ohne ausdrückliche Genehmigung der syrischen Regierung operiert, verletzt eklatant internationales Recht. Dies sind ohne jede Ideologie, ohne jede Propaganda Tatsachen, die in der westlichen Presse unterschlagen werden: Wer gibt den USA, den NATO-Staaten und Israel das Recht, das syrische Volk und seine Institutionen anzugreifen? Es gibt kein solches Recht!

Dem syrischen Volk sind diese Zusammenhänge sehr wohl bewusst. Die Krise seit 2011 hat Volk und Regierung enger zusammengeschweisst statt sie – wie von den Feinden Syriens geplant – zu spalten.

Wenn es uns gelingt, mit dieser Schrift Zweifel an der Aggressionspolitik des Westens zu säen und das Bewusstsein ein wenig zu öffnen, dann haben wir unser Ziel erreicht.

Wir wünschen allen Leserinnen und Lesern eine anregende Lektüre. Sie sind herzlich eingeladen, uns Rückmeldungen zu geben; wir sind jederzeit gern zur Diskussion unserer Inhalte bereit.

# I
# Ein kurzer Rückblick in die syrische Geschichte

**Frühzeit**
Die ältesten archäologischen Funde auf dem Gebiet des heutigen Syriens sind ca. eine Million Jahre alt. In Syrien entstand zu Beginn des 13. Jahrhunderts vor Christus in Ugarit das erste Alphabet der Menschheitsgeschichte.[1]
Im Römischen Reich (ab 64 v.Chr.) war Syria neben Aegyptus die reichste und einflussreichste Provinz des Imperiums. Die oströmische Herrschaft endete im 7. Jahrhundert n.Chr. mit der Befreiung durch die arabischen Umayyaden.

**Stichworte**

| | |
|---|---|
| Ab 634 | gewinnt Syrien unter den Umayyaden eine zentrale Bedeutung. |
| Ab 661 | wird der Sitz des Kalifen von Medina nach Damaskus verlegt. |
| Ab 877 | enge Kooperation mit Ägypten. Dieser arabisch-islamische Zusammenschluss dauerte 100 Jahre an und gilt als die Hochblüte der Kultur und der Wissenschaften. |
| 1096-1453 | 1096 begann der erste Kreuzzug. Damit beginnt eine der finstersten Epochen für die arabische Welt. Über 400 Jahre lang morden und plündern die Europäer unter den wechselnden Päpsten, Kaisern und Königen die arabische Welt unter dem Vorwand, einen „heiligen Krieg" zu führen. |

---

[1] **Ugarit** (heute: Ra's Schamra) war ein seit etwa 2400 v. Chr. keilschriftlich bezeugter kanaanäischer Stadtstaat und während der Bronzezeit ein wichtiges Handels- und bedeutendes Kulturzentrum im Nordwesten Syriens. 1928 wurde es bei dem modernen Ort Ras Schamra nahe der Küste, etwa 11 km nördlich von Latakia, wiederentdeckt.

1260 eroberten die Mongolen kurzfristig das Land, wurden jedoch von den Mamluken zurückgeschlagen, die das vereinte Syrien und Ägypten verteidigten.

1560 Eroberung durch die Osmanen.

1831-1840 wird die arabisch-nationalistische Opposition durch die osmanische Herrschaft unterdrückt.

1918 Zusammenbruch des Osmanischen Reiches.

1918 Penetrationen und Angriffe gegen Syrien durch die imperialistischen Mächte, insbesondere Frankreich als Kolonialmacht; ab 1948 durch Israel; ab 2011 durch bewaffnete Söldnerbanden, die Golfstaaten, die Türkei, die USA und andere.

# II
# Sykes-Picot und einige Folgen davon

Während des 1. Weltkrieges kämpften die Araber auf Seiten Frankreichs und Englands gegen die Osmanen. Dies, weil ihnen von den Europäern nach dem Sieg über das Osmanische Reich die „Freiheit" versprochen wurde. In keinem einzigen Land hielten die Europäer ihr Versprechen. Dies war kein Betriebsunfall der Geschichte, sondern gezielte europäische Politik, deren Auswirkungen einerseits bis heute andauern, die andererseits auch bis zum heutigen Tag fortgesetzt wird.

Diese Angriffe der Europäer und der USA gegen die Völker haben eine lange und blutige Geschichte und es würde den Rahmen

*Oben: Der englische Diplomat Mark Sykes; unten: der französische Diplomat François Georges Picot.*
*Originalkarte vom 8. Mai 1916 mit den Unterschriften der Beteiligten, wie sich die Europäer Land, das ihnen nicht gehört, aufgeteilt haben.*

dieses Beitrages bei weitem sprengen, diese Geschichte auch nur ansatzweise zu erzählen. Ein paar Meilensteine, Syrien und den arabischen Raum betreffend, müssen gleichwohl erwähnt werden: Ein bedeutendes Ereignis ist das Sykes-Picot Abkommen. Dieses Abkommen wurde vor über 100 Jahren geschlossen, ist jedoch noch heute wirksam. Am 16. Mai 1916 schlossen der französische Diplomat Francois-Georges Picot und sein englischer Kollege Mark Sykes ein Abkommen zwischen den beiden Kolonialmächten. Dazu brauchten sie lediglich ein Lineal, eine Karte der Region, eine Schachtel Farbstifte und sehr viel kriminelle Energie.

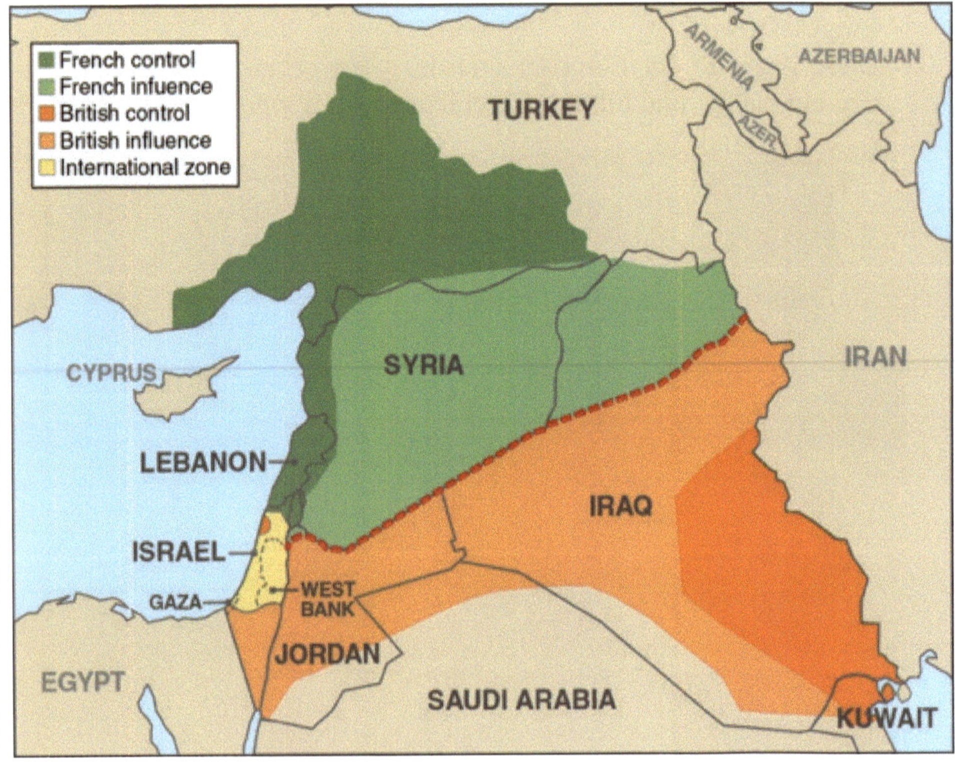


*Das Sykes-Picot-Abkommen von 1916.*
*Die Aufteilung entspricht keinen geographischen, politischen oder sozialen Gegebenheiten vor Ort. Die Europäer haben in keinem Moment die ansässige Bevölkerung einbezogen.*

Dass das Sykes-Picot Abkommen überhaupt publik wurde, ist übrigens der bolschewistischen Revolution in Russland zu verdanken. Die Revolutionäre brachten den Inhalt des Abkommens nach dem Sturz des Zaren an die Öffentlichkeit. England, Frankreich und alle anderen damaligen Kolonialmächte wollten das Abkommen eigentlich geheim halten. Gemäss dem Sykes-Picot- Abkommen sollte Grossbritannien nach dem 1. Weltkrieg die Herrschaft über das heutige Jordanien, grosse Teile Iraks und Palästina bekommen. Frankreich sollte demgegenüber den Südosten der Türkei, den Norden des Iraks, Syrien und den Libanon bekommen.
So – und jetzt halten wir einen Moment inne und stellen uns folgendes vor: Ein asiatischer und ein afrikanischer Diplomat treffen sich und schliessen ein Abkommen: Das Land des asiatischen Politikers bekommt Österreich, Deutschland, Holland und die Benelux-Staaten, und das Land des afrikanischen Diplomaten bekommt England, Frankreich, Spanien und Italien. Undenkbar? Gewiss ist das undenkbar, aber dieses undenkbare Verbrechen nehmen wir, da es von Europäern oder von den USA an ausser-europäischen Völkern begangen wird, bis zum heutigen Tag als gegeben und als selbstverständlich hin. Wir nehmen verbrannte und vergiftete Erde hin, wir nehmen den Einsatz von international geächteten Waffen hin, wir nehmen das Streuen von Krankheitserregern hin. Diese menschenverachtende Haltung der imperialistischen Staaten zerstört die Länder des Südens, aber auch die Völker in den imperialistischen Staaten selbst. Die europäischen und die US-Aggressoren berufen sich auf Demokratie: Die von ihnen angegriffenen Länder jedoch haben keine Wahl.

Das Sykes-Picot-Abkommen steht als typisches Beispiel für die Verbrechen der Kolonialmächte an den von ihnen heimgesuchten Völkern.
Im Vorfeld des 1. Weltkrieges wurde den arabischen Völkern Unabhängigkeit versprochen, wenn sie auf Seite der europäischen Invasoren gegen das Osmanische Reich kämpfen würden. Nach

*Der grosse Markt in Damaskus – Suq al-Hamidiya*

dem ersten Weltkrieg wurden die arabischen Gebiete zwischen den Engländern und den Franzosen aufgeteilt.
Es fällt auf, dass diese koloniale imperialistische Arbeitsteilung bis heute ihre Gültigkeit hat: Der Irak wurde und wird hauptsächlich von den USA, bzw. USA und England angegriffen, während Frankreich heute zu den heftigsten Kriegstreibern gegen Syrien zählt. Auch das hat eine Vorgeschichte: Bereits im Jahr 1925 wurde der Suq al-Hamidiya, der grösste und wichtigste Markt in Damaskus, von der französischen Armee angegriffen – ein Markt, keine militärische Einrichtung!
Die Einschusslöcher im Dach sind noch heute des Marktes gut sichtbar.
Was aber hat die französische Armee in Syrien oder in Mali verloren? Was haben die Armeen der USA und Englands im Irak, in Afghanistan oder sonst wo ausserhalb ihrer eigenen Landesgrenzen zu suchen? Was sind die NATO oder die US-Armee anders als Angriffsarmeen gegen die Völker?

**Zionistische Angriffe**

Ein anderer Meilenstein ist die Gründung des zionistischen Israel im Jahr 1948. Die Kolonialmächte haben Israel nicht gegründet, um den verfolgten Juden der Welt eine sichere Heimstätte zu geben. Der Plan, in Palästina eine militärische Bastion für die europäischen Eroberer zu gründen, spukte bereits im Kopf von Napoléon, nachdem er im Jahr 1801 aus Ägypten vertrieben worden war. Der deutsche General Helmuth von Moltke nahm diesen Plan auf. Er warb bereits zwischen 1841 und 1844 für die Errichtung eines christlichen Staates Palästina (das damals Teil des Osmanischen Reiches war, in dem Moltke wiederum von 1835-39 Militärberater war). Dieses Palästina sollte, nach Moltkes Ansicht, von einem deutschen Fürsten regiert werden. Erst sehr viel später hatten Rothschild, Herzl und andere ihre zionistischen Visionen.

Unter diesem Rassismus, als Vision getarnt und der Weltöffentlichkeit als „einzige Demokratie des Nahen Ostens“ vorgelogen, leiden die arabischen Völker bis zum heutigen Tag. Der palästinensische Widerstand gegen Vertreibung, Landraub und Unterdrückung wird nicht als legitime Notwehr anerkannt, sondern als Terrorismus verunglimpft. Der wahre Terror im besetzten Palästina jedoch manifestiert sich an Namen wie Qfar Kasem, Deir Yasin, Sabra, Shatila, Jenin und Gaza, palästinensischen Ortschaften, deren Bewohner von den zionistischen Besatzern massakriert wurden – um einige Beispiele zu nennen.

Es fällt auf, dass nahezu zeitgleich mit der Gründung des Zionistenstaates ein weiterer Schritt getan wurde: Am 14. April 1949 haben die nord- westlichen Länder die NATO gegründet.

Seit der Gründung des zionistischen Staates Israel führt dieser Krieg gegen all seine Nachbarländer. Einige Stationen dieser Daueraggressionen:

1947-1949: Dieser Krieg begann mit brutalsten Ausschreitungen zionistischer Terrorbanden wie Irgun, Hagganah und Stern gegen die palästinensische Bevölkerung.

Nach der Staatsgründung Israels 1948 weiteten sich die Angriffe gegen die Araber zu einem Krieg aus.

1956-1957: Dreier-Aggression: Die vereinten Armeen von England, Frankreich und Israel greifen Ägypten an. Der Zweck, nämlich die Nationalisierung des Suez-Kanals durch Ägypten rückgängig zu machen, kann abgewehrt werden.

1967: Junikrieg: Israel greift völlig überraschend Ägypten, Syrien und Jordanien an. Aus diesem Angriff resultierte die Besatzung der Sinai Halbinsel (Ägypten), des Gaza Streifens (Palästina) und der Golan Höhen (Syrien). Entgegen mehreren UNO-Resolutionen hält Israel die die Golan Höhen bis zum heutigen Tag illegal besetzt.

1978: Israel überfällt den Libanon.

1982: Israel überfällt den Libanon – im Zug dieses Überfalls Massaker von Sabrah und Shatila. Die israelische Besatzungsmacht verantwortet bis zu 3.000 Opfer, viele davon Frauen und Kinder.

2006: Israel überfällt erneut den Libanon. Ziel dieses Angriffes war die Zerschlagung der Hisbollah. Dies ist nicht nur missglückt; der Hisbollah gelang es, die Angreifer endgültig aus dem Libanon zu vertreiben, und sie ging gestärkt aus diesem Krieg hervor.

**Syrische Regierungen**

Der Aufstieg von Gamal Abdel Nasser in Ägypten kann von der Entwicklung in Syrien nicht getrennt werden. Ab 1955 bestand zwischen der ägyptischen und der syrischen Armee ein gemeinsames Oberkommando (Präsident Syriens war Haschim Chalid al-Atassi). 1958 wurde die VAR (Vereinigte Arabische Republik) gegründet, die jedoch nur bis zum Jahr 1961 Bestand hatte.

Im Jahr 1972 wurde Hafez al-Assad per Plebiszit zum Staatspräsidenten gewählt. Unter der Präsidentschaft von Hafez al-Assad (Ministerpräsident 1970-1972, Staatspräsident 1972-2000) stabilisierte sich Syrien zusehends. Zahlreiche soziale Errungenschaften wie das freie Schulsystem, die freie Gesundheitsversorgung, eine weitgehende Landreform und anderes mehr gehen auf die Präsidentschaft von Hafez al-Assad zurück oder wurden unter dessen Präsidentschaft ausgebaut. Der älteste Sohn der Familie al-Assad, Basil al-Assad, wurde als Nachfolger des Präsidenten ausgebildet. Am 21. Januar 1994 kam Basil al-Assad bei einem mysteriösen Autounfall ums Leben. Als Hafez al-Assad am 10. Juni 2000 einem Herzinfarkt erlag, wurde seine Nachfolge neu geregelt: Einige Monate nach Hafez al-Assads Tod im Jahr 2000 wurde sein von ihm als Nachfolger vorgeschlagener zweiter Sohn Baschar al-Assad mit 34 Jahren sein Nachfolger. Eigens dafür wurde am 10. Juni 2000 die Verfassung geändert und das Mindestalter für den Präsidenten von 40 auf 34 Jahre herabgesetzt.

**Die Ereignisse von 2011**

Wir sehen: Niemals in seiner Geschichte hat Syrien ein anderes Land angegriffen. Jeder Krieg, den Syrien führte, wurde dem syrischen Volk, der syrischen Armee von aussen aufgezwungen: Von den Osmanen, von den Europäern, namentlich der französischen Kolonialmacht, von Israel, und in unseren Tagen von den USA, der NATO, Israel und von arabischen Vasallen. Angegriffen wird Syrien zum Teil direkt durch Luftangriffe, zum Teil mittels bezahlter Terrorbanden auf dem Boden.

Diese Angriffe gegen Syrien, deren Zeugen wir heute sind, haben nicht im Jahr 2011, im Zug des sogenannten „arabischen Frühlings" begonnen, sondern schon sehr viel früher. Da ist Israel, welches sich in einem permanenten Kriegszustand mit Syrien befindet und nach wie vor, entgegen internationalem Recht, insbesondere entgegen der UNO-Resolution 242, die Golan Höhen besetzt hält.[2] Da sind die USA, welche Syrien (und andere Staaten) als „Schurkenstaat" bezeichnen, der immer und mit allen Mitteln angegriffen werden kann. Schliesslich sind da noch die Golfstaaten, willige Vasallen der USA und der NATO, die Syrien ebenfalls angreifen und die am 16.11.2011 für dessen Ausschluss aus der arabischen Liga gesorgt haben.

---

[2] https://www.un.org/Depts/german/sr/sr_67/sr242-67.pdf (Zugriff März 2018)

Die Gründe, weshalb der funktionierende syrische Staat zersetzt und schlussendlich zerstört werden soll, sind bestimmt vielfältig, lassen sich jedoch unter einem einzigen Begriff subsumieren: Imperialistische Hegemonialinteressen. Da wäre die geplante Öl- und Gaspipeline von Saudi-Arabien und Qatar durch Syrien nach der Türkei und Europa zu nennen. Syrien hat sich diesen Plänen widersetzt. Da wären Strukturanpassungsforderungen des IWF, verbunden mit Privatisierungsgelüsten, denen sich Syrien nach Protesten im Land widersetzt hat. Da wären nicht zuletzt die guten Beziehungen Syriens zu China, Russland, Iran und anderen Ländern, die nicht zum imperialistischen NATO-Block zählen. Demonstrationen, die im Verlauf des „arabischen Frühlings" auch in Syrien zum Teil stattfanden, arteten sehr rasch aus: Agents Provokateurs schossen aus der Menge heraus auf Demonstrierende und auf Sicherheitskräfte.
Sofort waren auch westliche Menschenrechtsorganisationen wie Human Rights Watch oder Amnesty International zur Stelle, die nur und ausschliesslich die Regierung und die Armee Syriens beschuldigten. Wir erinnerten uns an die Meldungen aus unseren Tagen: Da machte uns die westliche Presse weis, der Sturz von Bashar al-Assad sei nur mehr eine Frage von Tagen oder Wochen. Wohlverstanden: Das war im Jahre 2011!

Inzwischen schreiben wir das Jahr 2018, die Regierung von Damaskus mit Präsident Bashar al-Assad an der Spitze wurde mittlerweile zwei Mal gewählt, sie geniesst das Vertrauen des syrischen Volkes mehr denn je. Wie wir im Folgenden sehen werden, haben dieses Vertrauen und diese Beliebtheit ihre Gründe und ihre Berechtigung.

# III
# „Syrien ist ein vom Imperialismus angegriffenes Land“

Dass Syrien ein vom Imperialismus angegriffenes Land ist, das haben wir in Syrien von vielen Menschen unabhängig voneinander gehört. Solche Worte hört man hier im Westen selten. Hier ist in aller Regel von der „Diktatur in Damaskus“ die Rede, die Märchen und Mythen von der syrischen Armee, die „ihr eigenes Volk ermordet“, werden noch immer ebenso verbreitet wie die Geschichten von den Fassbomben und den Giftgasangriffen. Leider müssen wir auch innerhalb der linken Presse lange und gründlich suchen, bis wir eine faire und integre Berichterstattung zu Syrien finden.
Wir wollten uns ein eigenes Bild machen: Die Nonnen des Klosters Mar al-Yakub, nahe beim Ort Qara, zwischen Damaskus und Homs gelegen, realisieren einige eigene Projekte. Unter anderen sind dies: Verteilung von Hilfsgütern, Verteilung von Lebensmitteln und Medizin, Hilfe zur Selbsthilfe, eine Volksküche u.a.m. Durch eine Hilfsaktion aus der Schweiz kamen wir in Kontakt mit den HelferInnen des Klosters Mar Yakub.
Die Nonnen haben uns eingeladen, sie und ihre Projekte zu besuchen. Wir haben diese Reise zu dritt zu unternommen. Seitens der syrischen Behörden gab es für uns keinerlei Restriktionen, im Gegenteil: wir wurden ermuntert, überall hinzugehen und mit allen Menschen zu sprechen.

# IV
# Berichte und Perspektiven

Im Land selbst wird das westliche Lügengespinst zu Syrien schnell zerrissen: Niemand spricht von einem Bürgerkrieg! Allen, mit denen wir gesprochen haben, Bauern, Arbeitern, Intellektuellen, ist klar: Das ist ein Angriff von aussen.

Wohl haben wir auch Kritik an der Regierung gehört, diese bezog sich aber ausschliesslich auf die Zeit vor der Krise, also vor dem Jahr 2011. Kritisiert werden vor allem die Öffnung gegenüber dem Westen und der Türkei sowie die mittlerweile weitgehend rückgängig gemachten Privatisierungen. Eine viel gehörte Aussage war: „Präsident al-Assad ist in der Krise über sich selbst hinausgewachsen". In einem Verkehrskreisel in Aleppos Innenstadt (im westlichen von der Armee gehaltenen Teil!) schlug eine Cruise Missile ein. Nur die USA und Israel verfügen über diese Art Raketen. Dies ist nur ein Beispiel von vielen, welches die völkerrechtswidrige Einmischung der USA, der NATO und Israels zeigt. Die russische Armee und die Kräfte der Hisbollah operieren in Syrien auf Ersuchen und auf Einladung der souveränen syrischen Regierung. Alle anderen Bewaffneten, alle anderen militärischen Aktionen in Syrien, die nicht von der syrischen Regierung autorisiert sind, widersprechen dem Völkerrecht eklatant. Ob nun Banden wie al-Nusra, al-Qaida, FSA oder andere, ob nun „Menschenrechtskrieger" wie USA, NATO und andere, wie seit neustem die Kräfte der YPG, sie alle führen einen Angriffskrieg gegen das syrische Volk, sie alle verletzen internationales Völkerrecht, u.a. gemäss Artikel 2 der Charta der Vereinten Nationen.[3] (Einige der obigen Aussagen stammen von einem Oberst in Baniyas und von Lehrkräften in al-Waha, nahe Aleppo).

---

3 https://www.unric.org/html/german/pdf/charta.pdf (Zugriff März 2018)

**Projekte**

In der Region von Aleppo hatten wir Gelegenheit, den Nonnen bei einer Lebensmittelverteilung in drei Dörfern südöstlich von Aleppo zu assistieren. Unter dem Schutz der syrischen Armee fuhr der Lastwagen mit den Lebensmittelpaketen in die abgelegenen Dörfer. In diesen Dörfern herrscht grosser Mangel. Da waren Menschen jeden Alters, Frauen, Männer und Kinder, deren Gesichter vom Krieg gezeichnet sind. Die einzigen, die sich in dieses Gebiet wagen, um zu helfen, sind diese Nonnen. Die Dörfer waren während zwei Jahren von den Terroristen eingeschlossen und die Menschen konnten nur dank der Lebensmittelabwürfe der syrischen Armee überleben.
Auch das vom Westen verhängte Embargo gegen Syrien wirkt sich hier und überall in Syrien aus. Die Berichte der westlichen Medien, dass die Armee „gegen ihr eigenes Volk kämpft" konnten wir nirgends und von niemandem bestätigt finden. Im Gegenteil erlebten wir persönlich mit, wie die syrische Armee die Hilfsaktion unterstützte.

Ein weiteres Projekt der Nonnen ist eine sehr effiziente Volksküche im Dorf al-Waha, ca. 20 Kilometer südöstlich von Aleppo. Hier werden täglich warme und gesunde Mahlzeiten für ca. 5.000 (!) Familien zubereitet. 40 Frauen aus dem Ort arbeiten in der Küche, ebenso viele Männer und Jugendliche sind für die Verteilung der Mahlzeiten in die umliegenden Dörfer zuständig. Wir bewundern, wie gut organisiert alles abläuft. Alle arbeiten Hand in Hand zusammen, Sunniten, Schiiten, Christen, Alewiten. Auch diese Volksküche wird von der syrischen Armee geschützt.

**Ein Sozialstaat**

Wir haben ein Land besucht, welches von den USA, Israel und der NATO sowohl direkt, vor allem aber in Form von bewaffneten Banden angegriffen wird. Durch das Embargo stranguliert der Westen das syrische Volk.
Wir waren beeindruckt von der Kreativität und vom Widerstandswillen des syrischen Volkes. Beeindruckend auch, dass der syrische

Sozialstaat unter diesen schwierigen Umständen nach wie vor funktioniert: Das Bildungssystem ist kostenlos für alle, ebenso das Gesundheitswesen. Trotz des Embargos und den damit verbundenen enormen Preissteigerungen ist der Brotpreis nach wie vor stabil und vom Staat subventioniert. Die Mieten dürfen nicht erhöht werden; während unseres Aufenthaltes wurden diese von der Regierung per Dekret eingefroren um zu vermeiden, dass Familien obdachlos werden.

## Die Armee

Wir haben eine Armee gesehen, die mit ihrem Volk und hinter ihrem Volk steht – eine Volksarmee. An den zahllosen Kontrollposten der syrischen Armee konnten wir beobachten, wie den Soldaten von der Bevölkerung spontan Tee, Kaffee oder Zigaretten gebracht wurden. Wir haben gesehen, dass dieses Volk seiner Armee vertraut. Dass diese Armee gegen ihr eigenes Volk kämpfen soll, wie das in den westlichen Medien immer wieder kolportiert wird, ist eine weitere Lüge. Was wir berichten können ist, dass die Binnenflüchtlinge in Syrien dahin flüchten, wo diese Armee ist – dort ist Sicherheit vor den bewaffneten Banden.
Diese Söldnerbanden und die Todesschwadronen, welche mehrheitlich über die Türkei, aber auch über Israel einschleust werden, stehen meist unter Drogen, namentlich Captagon[4]. Sie als „Rebellen" oder gar als „Freiheitskämpfer" zu bezeichnen, ist eine weitere Lüge.

## Ein Versprechen

Niemand von unseren GesprächspartnerInnen machte einen Unterschied zwischen dem „IS", einer „Nusra Front", einer „al Qaida" oder einer „Freien Syrischen Armee": Wer mit der Waffe in der Hand gegen das Volk kämpft, ist ein Terrorist. Wir haben von den Terroristen zerbombte Dörfer, Moscheen, Schulen, Strommasten

[4] Captagon ist der Markenname des Amphetamin-Derivats Fenetyllin, das Menschen in Hochstimmung versetzt und auch für Schmerzen unempfindlich macht. In den 60er und 70er Jahren wurde Captagon bei Depressionen, aber auch zur Behandlung von hyperaktiven Kindern eingesetzt. Seit den 80er Jahren ist Captagon in Deutschland, wo es von Degussa hergestellt wurde, verboten.

und Wasserleitungen gesehen und von Ermordungen und Massakern gehört. Wir haben verstümmelte und vernarbte Menschen gesehen. Die überwiegende Mehrheit der Syrer-Innen, mit denen wir gesprochen haben, durchschaut die imperialistischen Mechanismen. Immer wieder hörten wir von den unterschiedlichsten Menschen und unabhängig voneinander die Aussage: „Seht euch an, was sie mit dem Irak gemacht haben. Seht euch an, was sie mit Libyen gemacht haben. Soweit werden wir es hier nicht kommen lassen!"
Auf unsere Frage, was wir hier in Europa, in der Schweiz, für Syrien tun können, folgten meist mehrere Gegenfragen: „Was haben wir euch denn getan? Warum belegt ihr uns mit einem Embargo und schickt eure Waffen und euer Geld an die Terroristen? Warum schickt ihr die Terroristen in unser Land? Ihr wollt etwas für uns tun? Dann berichtet bei euch zu Hause die Wahrheit: Unser Volk wird angegriffen und wir setzen uns zur Wehr!"

Männer, Frauen, Kinder, alte und junge Menschen erdulden in Syrien unermessliches Leid. Nicht wegen ihrer Regierung, sondern wegen der Politik des Westens und dem durch diese Politik verursachten Krieg. Dieses Buch ist auch die Einlösung eines Versprechens: Wir berichten das, was wir gesehen und von den vielen Menschen in Syrien gehört haben.

*Welcome to Syria*

*Einige Angaben zu dieser Reise: Aus der Schweiz nach Beirut. Die Stationen ab Beirut: Tartous, Banyias, Qara (zwischen Homs und Damaskus gelegen), einige Dörfer ca. 20 km südöstlich von Aleppo, Aleppo, Damaskus, Beirut. Kommunikation: Englisch, Französisch, ein Mitglied unserer Delegation spricht arabisch. Kosten: Wurden von allen Mitgliedern selbst übernommen, keinerlei Spenden, Lobbying oder Sponsoring, von wo auch immer.*

# V
# Syrisches Tagebuch
# (3. Oktober bis 14. Oktober 2016)

Im Jahr 2015 konnten wir in Zusammenarbeit mit der katholischen Kirche von Arlesheim, Schweiz, sechs Container mit Hilfsgütern nach Syrien schicken. Die Verteilung dieser Hilfsgüter wurde von Nonnen des Klosters Mar Yakub im Dorf Qara, zwischen Damaskus und Homs gelegen, übernommen. Diese Nonnen haben uns eingeladen, sie und ihre Projekte zu besuchen.

Wir haben uns entschlossen, diese Reise zu dritt zu unternehmen, wir wurden bestens begleitet und der unten stehende Text kann nur ein Fragment von all dem sein, was wir in diesen knapp zwei Wochen erlebt haben.

Zusammengefasst können von uns einige der Lügen über Syrien widerlegt werden, weil wir mit den Menschen vor Ort sprechen konnten und wegen der Dinge, die wir mit eigenen Augen gesehen haben: In Syrien gäbe es einen Bürgerkrieg, das ist eine Lüge. Präsident, Regierung und Armee seien gefürchtet und verhasst, das ist eine Lüge. Die Bewaffneten gegen die Regierung seien Rebellen oder Freiheitskämpfer, das ist eine Lüge.

Die Medienlügen, welche wir auch schon an anderer Stelle dokumentierten[5], greifen im Fall Syrien besonders tief. Kaum jemand macht sich hierzulande die Mühe, das Lügengespinst, welches täglich über Syrien verbreitet wird, zu durchschauen. Sogenannte „Experten“ wiederholen gebetsmühlenartig die angeblichen Verbrechen der Regierung Syriens und verschweigen geflissentlich, dass dieses Land noch niemals in seiner Geschichte ein anderes Land angegriffen hat; jeder Krieg, den Syrien führen musste, wurde ihm von aussen aufgezwungen, sei es durch die ehemalige Kolonialmacht Frankreich, sei es durch das zionistische Israel oder sei es aktuell durch die USA, die NATO und deren Vasallen im arabischen Raum.

---

[5] Risala Nr. 8: LügeMachtKrieg, TuP-Verlag Hamburg, ISSN 1431-6293

Wir haben das Land im Krieg besucht, aber wir sind keine Kriegsberichterstatter. Wir haben ein offenes, freundliches Volk gefunden, welches müde ist vom Krieg und sich nach Frieden sehnt. Die Menschen, die wir getroffen haben, hatten in der Regel nur eine Bitte an uns: „Geht nach Hause und berichtet in Europa, was ihr hier seht. Berichtet die Wahrheit: Wir werden von Terroristen aus über 100 Ländern angegriffen, und obwohl wir nicht kämpfen wollen, werden wir nicht zulassen, dass sie unser Land zerstören".
Wir haben eine Armee gesehen, die mit ihrem Volk und hinter ihrem Volk steht – eine eigentliche Volksarmee. Wir haben gesehen, dass dieses Volk seiner Armee vertraut und uns packt die Wut, wenn hier die Journalistenmeute und die „Experten" behaupten, diese Armee würde ihr eigenes Volk umbringen. Ja, es sterben täglich Menschen in Syrien, ja, es gibt ein unermessliches Leiden, es gibt durch den Krieg verursachten Hunger und es gibt durch den Krieg verursachte Armut. All das haben wir gesehen.

Wir haben aber auch gesehen, dass all das seinen Ursprung genau hier hat; hier, in den sogenannten zivilisierten Gesellschaften des Westens, beginnt die Barbarei, hier finden wir die Ursache für das syrische Drama.
Die europäischen Länder und die USA belegen Syrien zu Unrecht mit einem mörderischen Embargo. Die NATO-Staaten, die Türkei, die USA, Israel und die Golfstaaten bekämpfen Syrien aktiv. Sie ermorden das syrische Volk, sie zerstören das Land und seine reiche Kultur. Die Söldnerbanden und Todesschwadronen, welche sie hauptsächlich über die Türkei und Israel einschleusen, sind degenerierte menschliche Bestien, sie als „Rebellen" oder gar „Freiheitskämpfer" zu bezeichnen, ist eine weitere Lüge.

*Die Armee ist das Volk – das Volk ist die Armee*

Das alles haben wir gesehen und die Menschen in Syrien haben es uns, frei und unabhängig voneinander, erzählt. Wir hatten Gelegenheit, mit ihnen zu sprechen, es gab uns gegenüber seitens der Armee und der Behörden keinerlei Auflagen, ausser der, dass die Armee für unsere Sicherheit verantwortlich war. Wir haben überall hingehen können, wo wir hingehen wollten, wir haben mit allen sprechen können, die wir sprechen wollten. Dieser Text ist die Einlösung eines Versprechens: Wir berichten das, was wir gesehen und von den vielen Menschen in Syrien gehört haben.

**3. Oktober**

Abreise Basel – Frankfurt – Beirut. In Beirut werden wir von Nabil und Saida erwartet, Mitarbeiter von Mother Agnes. Sie fahren uns die Küstenstrasse des Libanon entlang zur syrischen Grenze.

Gespräche unterwegs: In Qamischli, im Norden, hätten die Kurden arabische Christen und Muslime vertrieben.
Das schlimmste jetzt in Syrien, in den Gebieten, in denen keine Kämpfe stattfinden, sei die enorme Teuerung. Die Ursache dafür ist hauptsächlich das Embargo, welches das syrische Volk regelrecht stranguliert. Die Preise hätten sich zum Teil verzehnfacht, die Löhne aber seien gleich geblieben – eine der Folgen des Embargos. Leider gäbe es auch Kriegsgewinnler, die von der Lage profitieren. Die Verteidigung des Landes gegen die Terroristen sei unbedingt notwendig. Trotzdem würden viele junge Männer aus dem Land fliehen, wenn sie können. Es gäbe in Syrien jedoch den Wehrdienst betreffend ein Gesetz: Pro Familie bleibt ein Sohn vom Wehrdienst befreit, damit dieser für die Familie sorgen kann. Hat eine Familie nur einen Sohn, geht dieser nicht zur Armee. In der Region von Tripoli im Libanon, unweit vor der syrischen Grenze gäbe es einige schlafende ISIS-Zellen, dies sei ein offenes Geheimnis.

Wir erreichen die Grenze. Problemlos der Übergang vom Libanon nach Syrien hinein. Auf der syrischen Seite erst Passkontrolle, danach werden uns Visa ausgestellt. Alles sehr höflich und problemlos. Nachdem alles erledigt ist, werden wir ins Büro des Kommandanten der Grenzwache gebeten. Es wird uns Kaffee serviert und er fragt uns im Beisein von Nabil höflich darüber aus, warum wir nach Syrien gekommen sind. Er informiert uns, dass er, bevor er uns einreisen lässt, erst nach Damaskus telefonieren muss, um Erlaubnis zu fragen, Europäer seien „a bit strange in these times". Nachdem auch das erledigt ist, werden wir von ihm und den Zöllnern herzlich und mit vielen guten Wünschen verabschiedet. Ganz offensichtlich hat Mother Agnes vorgebahnt. Es folgt die Weiterreise nach Tartous. Unterwegs canceln Saida und Nabil per Telefon unsere Hotel-Reservation in Tartous, sie laden uns ein, bei ihnen zu übernachten. Telefonat von Agnes mit den weiteren Plänen: Reise in ihr Kloster, Besichtigung der verschiedenen Projekte.

Nabil versucht, für uns morgen oder übermorgen ein Gespräch beim Gouverneur von Banjas und bei einem Vertreter der Armee zu organisieren. Für Samstag ist ein Konvoi nach Aleppo geplant, den sollen wir begleiten.
Ankunft in Nabils und Saidas Haus. Herzlicher Empfang von ihrer Familie, Gespräche bis tief in die Nacht. Unbezahlbar ist Henriette als Übersetzerin. Das Englisch von allen ist zwar gut, aber natürlich ist Arabisch auf jeden Fall besser, denn die Leute erzählen so sehr viel mehr, als wenn sie nach den richtigen Worten suchen müssen.

**4. Oktober**

Fahrt nach Baniyas. Besuch der dortigen Militärstation „Zentrum der Zeugen", gemeint ist damit, Zeugen der Angriffe und der Verteidigung des Landes. Bilder der gefallenen Soldaten an der Aussenwand. Bild von Scheich Nasrallah, viele Bilder des Präsidenten al-Assad. Empfang im Büro des kommandierenden Offiziers. Unterhalb des Zentrums viele Gewächshäuser.
Das Gebäude selbst steht auf einer Anhöhe, viele der ansässigen Bauern haben ihre Familien verlassen, um das Land zu verteidigen. Bei einem Angriff im Jahr 2015 wurden hier 106 Soldaten der Armee getötet, 64 wurden verletzt. Alle Soldaten des Stützpunktes sind hier aus der Gegend, sie kämpfen jedoch im ganzen Land, überall dort, wo Terroristen sind.
Der Offizier versichert, von der Armee würden nur Bewaffnete angegriffen. Wir fragen, wer die Bewaffneten seien. Sind es Syrer? Er räumt ein, es gäbe natürlich auch Syrer unter den Todesschwadronen. Die überwiegende Mehrheit seien jedoch Söldner aus dem Ausland. Bewaffnete aus über 100 Ländern würden in Syrien kämpfen.
Viele der Bauern haben ihr Land verkauft, um überleben zu können; nun kämpfen sie in der syrischen Armee, um Syrien zu verteidigen. Der Kommandant des Stützpunktes, Hussein, wird erwartet, er möchte uns treffen. Für uns eine Neuigkeit: Die Ereignisse in Syrien haben nicht, wie bisher geglaubt und kolportiert, in Da'ra begonnen, sondern hier in Baniyas. Dazu ist anzumerken, dass diese Gegend

vorwiegend von Alewiten bewohnt wird, ausserdem stammt die Familie al-Assad aus dieser Region.
Alewiten, Christen und eine sunnitische Minderheit leben in dieser Gegend schon seit jeher friedlich zusammen, nie gab es irgendwelche Probleme. Im Jahr 2011 wurde ein gewisser Nidal, ein 38-jähriger Alewit, von Sunniten aus heiterem Himmel heraus bestialisch ermordet. Sein Körper wurde zerstückelt und auf der Strasse liegen gelassen. Dies drohte zu Ausschreitungen gegen die Sunniten zu führen. Die Regierung und die Armee reagierten prompt: Die Armee rückte in Baniyas ein und beauftragte einen Mediator (den wir noch kennenlernen werden) die Lage unter Kontrolle zu bringen. Als Resultat dieser Bemühungen kam es zu keinerlei Ausschreitungen, die Lage blieb ruhig. Die von den Feinden Syriens beabsichtigte Provokation ist misslungen.
Ein weiteres Resultat der gelungenen Mediation war, dass in den folgenden Kämpfen Sunniten, Schiiten, Christen, Alewiten, kurz die gesamte Bevölkerung des Gebietes erfolgreich gegen die Todesschwadronen kämpfte.
Diese erste Provokation kennen wir in der westlichen Welt nicht, dafür jedoch die vielfach wiederholte Geschichte von den Kindern in Da'ra, welche von der Regierung angeblich gefangen und gefoltert wurden. Alle, die wir getroffen haben, bezeichnen diese Geschichte der Kinder von Da'ra als Lüge.
Der Kommandant Hussein warnt uns: Wir sollen nur an die Orte gehen, die von der Regierung kontrolliert würden, woanders seien wir nicht sicher und nichts und niemand könne dort für unsere Sicherheit garantieren. In den Gebieten jedoch, in denen die Armee sei, sollen wir uns frei bewegen und mit allen Leuten sprechen, was ja, dank unserer arabisch sprechenden mitreisenden Freundin auch kein grosses Problem sei.
Es wird uns erklärt, die Orte, welche vom IS besetzt gehalten werden, seien sehr schwer zu befreien. Dies deswegen, weil der IS die Bevölkerung dieser Orte als Geiseln nimmt. Ohne die Zivilbevölkerung zu gefährden, kann eine vom IS besetzte Stadt nur sehr schwierig

wieder zurückerobert werden. Die Regierung schicke Hilfsgüter und Nahrungsmittel in diese Orte, diese würden jedoch von den IS-Leuten gestohlen und der Bevölkerung werde nur das Allernötigste überlassen. Schreckliche Geschichten werden berichtet: Frauen und Kinder würden vor den Augen ihrer Familien vergewaltigt, Nabil zeigt uns schreckliche Bilder von zerstückelten Leichen, welche der IS ins Internet gestellt hat.

Es wird uns bestätigt, dass solche Gräueltaten nur unter massivem Drogeneinfluss verübt werden. Immer wieder werden bei Terroristen, welche die Armee gefangen nimmt, Drogen, vor allem Captagon, (Wirksubstanz Fenetyllin, siehe weiter oben) gefunden. Diejenigen, die unter diesen Drogen stehen, sind total entmenschlicht. Damaskus sei fest in der Hand der Regierung, allerdings käme es in den Vororten immer wieder zu Attentaten. Insbesondere in Yarmouk[6] gäbe es noch immer schlafende Zellen. Diese auszuheben sei nicht einfach, aus denselben Gründen: Die Bevölkerung wird als Geisel genommen.
Wir kommen auf den Giftgas-Einsatz von Ghouta zu sprechen: Die toten Männer, Frauen und Kinder, die der Welt in Ghouta präsentiert wurden, seien in Latakia von den Terrorbanden getötet worden. Danach hätten sie ihre Leichen nach Ghouta transportiert, um sie dort der Welt als Giftgasopfer zu präsentieren und für diesen Giftgasangriff die Regierung anzuklagen.
Die Terroristen würden auch oft die Uniformen von getöteten oder gefangenen syrischen Soldaten anziehen. So verkleidet würden sie dann Morde und Massaker an der Bevölkerung begehen, die Bilder davon würden sie als „Beweis für die Brutalität der Armee“ ins Internet stellen. Lange vor 2011 habe der Westen brutalisierte Sexfilme nach Syrien importiert, um so die Sensibilität der Menschen zu zersetzen.
Wir fragen nach, inwieweit die Bevölkerung Syriens diese Mechanismen durchschaue. Die Antwort von Hussein ist einfach: All dies

---

6 Yarmuk ist ein etwa 2,1 km² grosses Quartier am Rand der Hauptstadt Damaskus. Es befindet sich an der südlichen Stadtgrenze, östlich des Stadtbezirks *Qadam (Al-Kadam)*, und bildet gemeinsam mit der Stadt Damaskus das Gouvernement Damaskus. Yarmuk wird überwiegend von Flüchtlingen aus Palästina und deren Nachfahren bewohnt.

sei eine Einmischung in die syrische Kultur von aussen. Dieses Einschleusen von westlichen Filmen, nicht nur von diesen brutalen Sexfilmen, sei ein Teil des Angriffes gegen Syrien. Sicher würde es in Syrien Menschen geben, die das durchschauen, wie viele das sind, könne er natürlich nicht sagen. Sobald jedoch diese Einmischung von aussen aufhört, wird es in Syrien schon nach kurzer Zeit wieder so sein wie es war, davon ist er überzeugt.
Er fragt uns nach Demokratie. Hat Saudi-Arabien, hat Qatar etwa Demokratie? Ist das für die Demokratien des Westens ein Grund, diese Länder zu zerstören? Nein, im Gegenteil, das sind ihre engsten Verbündeten, wenn es darum geht, Syrien zu zerstören! Würde das Geld, welches in den letzten sechs Jahren ausgegeben wurde, um Syrien zu zerstören, für den Aufbau verwendet, Syrien wäre das reichste Land der Welt, sagt er.
Die Rede kommt auf Israel und auf den besetzten Golan. Der Golan gehört Syrien! Ohne die Unterstützung der USA und Europas könnte das Unrechtsregime in Israel nicht überleben. Dies vertritt auch Präsident al-Assad, und auch deswegen lieben sie den Präsidenten. Hussein sagt, wenn al-Assad gehen würde, dann würde auch er Syrien verlassen. Israel ist aktiv im Krieg gegen Syrien: Immer wieder fliegt Israel, zum Teil in Kooperation mit der NATO und den USA, Angriffe gegen Syrien. Israel bringt verwundete Terroristen über den Golan zu sich ins Land. Auf demselben Weg werden Waffen und auch wieder Terroristen zurück nach Syrien gebracht.
Ein ehemaliger Soldat, der Opfer eines Angriffes wurde, kommt dazu. Es geschah in Aleppo: Ein korrupter Offizier zündete in einer Einheit eine Bombe. Innerhalb von 3 Minuten starben 105 syrische Soldaten. Er ist einer der wenigen Überlebenden. Er hat einen Arm verloren, seine Hüfte ist so schwer verletzt, dass er sich nur noch mit Krücken bewegen kann und sein Rücken ist mit grässlichen Narben übersät. Der Veteran bekommt eine Rente von 14.000 SYP pro Monat vom syrischen Staat. Damit hätte er noch vor ein paar Jahren mit seiner Familie gut leben können. Inzwischen reicht dieses Geld jedoch – aufgrund des Embargos – kaum noch für das Notwendige.

Er hat eine Frau und zwei kleine Kinder. Durch den Stress und den Krieg ist seine Frau ausserstande, die Kinder zu stillen – sie sind auf Milchpulver angewiesen. Ein Paket Milchpulver kostet 5.000 SYP. Natürlich kann er sich mit seiner spärlichen Rente kein Milchpulver leisten. Die Organisation von Mother Agnes und Nabil helfen genau in solchen Fällen weiter.
Der Kommandant erklärt uns, sein Salär sei umgerechnet 40 $ im Monat. Vor den Ereignissen habe er mit seiner Familie mit diesem Geld ein komfortables Leben führen können, heute reiche auch das kaum. Die Preise seien ins Unermessliche gestiegen, die Löhne jedoch seien gleich geblieben. Bezogen auf das Schicksal des Veteranen erklärt er uns, Desertion und Verrat kämen natürlich vor, seien jedoch Ausnahmen.
Rakkah sei die Hochburg der Terroristen. Auch die Menschen in Rakkah würden gegen die Banden kämpfen. Die Familien Rakkahs, auch die Familien der Terroristen (!), würden vor den Kämpfen ins Regierungsgebiet flüchten, wo sie alle Aufnahme und Pflege finden.
Der verletzte Veteran will etwas sagen: Wenn er einen Wunsch hätte, dann würde er sich seinen Arm und seine Gesundheit zurück wünschen, damit er weiterkämpfen kann.
Kommandant Hussein sagt, die syrische Armee würde für den Frieden kämpfen und er bittet uns, wenn wir zurück in unseren Ländern sind, allen die Wahrheit zu sagen, wir sollen einfach berichten, was wir mit unseren eigenen Augen sehen. „Sagt ihnen, sie sollen uns in Ruhe lassen, sagt ihnen, sie sollen damit aufhören, diese Terroristen zu unterstützen, sagt ihnen, wir haben genug vom Krieg!“ Wir verlassen den Stützpunkt und mit Nabil und Kommandant Hussein fahren wir zum Garten eines anderen Kriegsveteranen.
Eine staubige Strasse, Pflanzungen mit Gewächshäusern, ein kleines Häuschen, von aussen idyllisch mit blühenden Pflanzen umwachsen. Wir werden willkommen geheissen und nehmen auf dem Sofa Platz. Das Häuschen ist aus Stangen und einer Blache aus Plastik gebaut. Drin leben eine Frau, zwei Kinder und der vom Krieg versehrter Mann. Ein Bein wurde ihm in Aleppo weggeschossen, er bewegt

sich mittels einer Krücke und einer Prothese. Auch bei ihm reicht die Rente, die er bekommt, nirgendwo hin. Diese beiden Veteranen haben uns alle sehr berührt, vor allem weil bei beiden der Lebensmut ungebrochen ist, obwohl sie beide schwerstbehindert sind. Offensichtlich haben sie beide ein sehr freundschaftliches Verhältnis zu Kommandant Hussein und zu Nabil. Wir verabschieden uns von der Familie und fahren weiter, um das Krankenhaus von Baniyas zu besuchen.

Bis zum heutigen Tag ist die Behandlung für die Bevölkerung in diesem Spital – wie überall in Syrien, ausser in Privatkrankenhäusern – unentgeltlich. Für Schönheitsoperationen muss allerdings 10% des Preises bezahlt werden. Dies wird uns im Büro des Direktors erklärt. Die Wand seines Büros ziert ein Foto des Präsidenten Bashar al-Assad, während er gerade operiert.

Wir widersprechen: Gerade eben hätten wir einen Veteranen gesprochen, dieser habe uns erzählt, dass er eine andere, besser passende Prothese benötige, sich diese aber nicht leisten könne. Der Direktor nickt. Er kenne viele solche Fälle. Die entsprechenden Prothesen müssen aus dem Ausland importiert werden und das sei wegen des Embargos sehr schwierig. Sehr reiche Leute können sich leisten, die Prothese selber zu importieren oder gar ins Ausland zur Operation zu gehen. Dies sei natürlich im Fall des Veteranen nicht möglich. Ihm bleibe nichts anderes übrig, als auf eine passende Prothese zu warten, die sei dann allerdings kostenfrei. Bei der Behandlung haben die Kriegsversehrten und die Flüchtlinge Vorrang. Die Behandlung hier im Spital sei gut, allerdings hätten sie nicht die benötigten modernen Geräte. Von Seiten der Regierung werde alles Mögliche getan, jedoch leiden sie, wie alle, unter dem Embargo.

Ein sehr grosses Krankenhaus befand sich in Afrin, das al-Kindi Spital. Dieses Spital wurde von den Terroristen angegriffen und schliesslich gesprengt. Vor dem Krieg war das syrische Gesundheitswesen in sämtlichen Belangen kostenlos und in seiner Qualität vorbildlich für die ganze Welt. Aber auch jetzt, unter diesen schwierigen Umständen, werden hier alle, die es nötig haben, gepflegt, auch die Terroristen.

Immer wieder wird das Spital von Baniyas von Terroristen bedroht. Bisher ist es der Armee gelungen, diese Angriffe abzuwehren. In Cheble, einem Ort in der Nähe, gab es hingegen Anschläge gegen das dortige Krankenhaus. Die Überlebenden dieses Anschlages werden jetzt hier, im Krankenhaus von Baniyas gepflegt. Das Spital in Cheble soll wieder aufgebaut werden, die Bauarbeiten sind im Gang. Auch Aleppo betreibt ein Spital in staatlicher Regie. Von Baniyas aus werden Material, Medikamente und sonstiges an dieses Krankenhaus geliefert, es wird getan, was möglich ist.
Die Konvois der UNO, des roten Halbmondes und des roten Kreuzes sind sehr wichtig für die Spitäler und die Bevölkerung. Allein schon deswegen ist es absurd, dass die Armee oder Russland als Verbündeter der Armee solche Konvois angreifen sollen. Es sei mittlerweile auch bewiesen, dass der UNO-Konvoi, welcher vor Aleppo angegriffen wurde, vom Boden aus zerstört worden sei und nicht aus der Luft, wie das behauptet wurde. Auch stimme es nicht, dass die UNO ihre Hilfslieferungen eingestellt habe. Selbst wenn es wahr wäre, dass die Armee solche Konvois angreifen würde (was nicht stimmt), sei die UNO verpflichtet, Hilfe zu leisten, die UNO sei nicht irgendeine NGO.
Viele NGOs würden im Übrigen eine sehr fragwürdige Rolle spielen. Die „Ärzte ohne Grenzen" zum Beispiel gehen nur in die Gebiete, die von den Terroristen beherrscht werden. Sie sind nicht neutral, wie sie behaupten, sie sind Partei und zwar sind sie Partei für die Feinde Syriens.
35% der syrischen Spitäler sind zerstört. Überall, wo die Terroristen hinkommen, zerstören sie zuerst Spitäler, danach Schulen und Universitäten und dann die Kulturgüter, die sie nicht stehlen und verkaufen können. Sie betrachten jeden Uni-Abschluss als „rückständig". Der Direktor lächelt. „Wir hätten gerne medizinische Geräte aus Europa und den USA", sagt er, „wir mögen die Entwicklung in Europa und den USA, aber deren Politik mögen wir nicht." Als Alternative arbeiten sie nun mit China, Russland und Indien zusammen. Von ihnen bekommen sie die benötigten Geräte kostengünstig, oft auch

umsonst. Allerdings sind diese Geräte häufig nicht kompatibel mit den vorhandenen Geräten, die meist aus dem Westen stammen. Wir fragen nach, ob es genügend Ärzte in Syrien gäbe und er antwortet uns, das sei kein Problem, sie hätten so viele Ärzte, dass sie sogar welche ins Ausland schicken können. „Wir sind sehr gebildet in Syrien", sagt er stolz. Es gäbe keinen Unterschied zwischen einem syrischen Arzt und einem europäischen Arzt, ausser dem Geld. Ein europäischer Arzt verdiene sehr viel mehr als sein syrischer Kollege und der Syrer arbeite oft rund um die Uhr. „Vielleicht", meint er leicht spöttisch, „werden in Syrien die Menschen Ärzte, weil sie die Menschen lieben, und in Europa werden sie Ärzte, weil sie das Geld lieben".
Die Bildung ist in Syrien nach wie vor unentgeltlich, bis hin zum Uni-Abschluss. Auch die Bücher bezahlt der Staat. Medizin ist ein kostenloses Studium. Dies gelte natürlich nur für die staatlichen Schulen und Universitäten, private Institutionen müssten bezahlt werden und das könne sich kaum jemand leisten. Das sei aber nicht das Problem. Ihr Problem sei tatsächlich der von aussen importierte religiöse Fanatismus.

Wir fragen ihn, was er uns aus dem Westen noch mitteilen möchte. Er antwortet, das syrische Volk sei ein Volk, welches die Bildung respektiere und liebe, auch wenn es natürlich unterschiedliche Meinungen bezüglich der Politik in der Bevölkerung gebe. Er möchte den Ländern des Westens sagen, sie sollen eine Politik des Friedens, nicht eine Politik des Krieges verfolgen. Viele junge Syrer hätten in Europa studiert und sie würden Europa lieben, nicht aber die europäische Politik. „Wir glauben an die Wissenschaft des Lebens, nicht an die Wissenschaft des Tötens", sagt er, und: „Auch deshalb lieben wir unseren Präsidenten, denn er amnestiert auch die Terroristen, wenn sie ihre Waffe niederlegen." Sie würden Europa und den USA die (militärische) Präsenz im Land verweigern, deswegen würden die angegriffen. Der stellvertretende Manager des Spitals wirft ein,

Syrien sei ein Opfer des Plans der USA vom „greater middle east".[7] Es ginge nicht um Demokratie oder Menschenrechte, es ginge auch nicht um arm oder reich, es ginge darum, Syrien zu einer Kolonie des Imperialismus zu machen. Syrien stehe in einer Linie mit Irak, Libyen und anderen angegriffenen Ländern. Syrien sei in den Fängen von al-Qaida und anderen Fanatikern. Aber wer steht hinter diesen? Wer bezahlt sie? Europa und die USA! Sein Vater sei 1948 aus Palästina geflüchtet. Von Syrien hätte seine Familie alles bekommen: Unterkunft, Nahrung und Bildung. Er selber, als Sohn eines Flüchtlings, sei heute Chirurg und stellvertretender Leiter dieses Spitals. Er betont, er sei nicht Mitglied der Baath Partei, er sei in überhaupt keiner Partei.

Nach dem Gespräch im Krankenhaus sind wir bei Husseins Familie zum Essen eingeladen. Viele gute Gespräche bei reichhaltigem, ausgezeichnetem Essen und Arak. Hussein und seine Familie sind echte Patrioten, er sehnt ein Ende des Krieges herbei, ist sich aber bewusst, dass das Land verteidigt werden muss. Heute ist eine der seltenen Gelegenheiten, wo er Zeit mit seiner Familie verbringen kann. Husseins Frau Fatma unterrichtet an der Grundschule Englisch, der jüngere Sohn geht zur Schule, der ältere ins Gymnasium, er will Medizin studieren.

Nach diesem interessanten Zusammensein folgt ein Treffen mit Adnan Ibrahim, dem Agrarminister des Bezirks Baniyas. Er heisst uns willkommen und er versichert uns, er sei erfreut, dass Besucher aus Europa die Fakten verstehen. (Ganz offensichtlich wurde er im Vorfeld von Nabil über unsere Ansichten orientiert). Während sich das Gespräch entwickelt, erzählt er uns, dass er mit der Organisation von Mother Agnes und Nabil ebenso zusammenarbeite wie mit dem roten Halbmond. Sein Bruder arbeite seit 14 Jahren als Arzt in Deutschland. Er selbst habe seit Beginn der Ereignisse so viel

7 Die Bezeichnung Großraum Mittlerer Osten (im Deutschen auch in der englischen Fassung wird meist „Greater Middle East" verwendet) wurde als Begriff von der US-Regierung unter George W. Bush im Rahmen einer Initiative zur politischen Umgestaltung einer weiter gefassten Region des Nahen Ostens geprägt. Sie umfasst in ihrer US-amerikanischen Verwendung alle „islamischen Nationen" von nordafrikanischen Mittelmeeranrainerstaaten im Westen bis nach Pakistan im Osten als geopolitische Grossregion und schliesst die Türkei und Israel ein. All diese Länder sollen – so sie es nicht bereits sind – der US- und Europa-Hegemonie unterworfen werden.

Arbeit, dass er das Gefühl habe, nur noch von Sandwiches zu leben, für warmes Essen sei ihm keine Zeit geblieben, meint er lächelnd. Seine Behörde verwaltet auch das Saatgut für die Bauern der Region. Daneben haben er und seine Leute aber auch die Aufgabe, zwischen den verschiedenen Gruppen zu vermitteln. Wenn Konflikte drohen zu eskalieren, sind sie so eine Art vorrichterliche Instanz. Natürlich sei dies jetzt, in den Zeiten der Krise, eine viel schwierigere Aufgabe als zu Friedenszeiten. Adnan Ibrahim ist der oben erwähnte Mediator, der bei dem Mord an dem Alewiten zwischen den verschiedenen Gruppen vermittelt hat.

Wir erwähnen, dass wir schon mehrfach gehört haben, dass viele ihre Arbeit verlassen haben, um das Land zu verteidigen, so auch Bauern. Wer also, so unsere Frage, bebaut noch das Land, wenn so viele Bauern zu Soldaten geworden sind? Diese Arbeit werde in der Hauptsache von den vielen Binnenflüchtlingen erledigt, sagt er. Die Menschen würden aus dem Kampfgebiet dorthin flüchten, wo sie in Sicherheit seien, und Sicherheit sei dort, wo die syrische Armee sei. Die Gegend hier exportiere sehr viel Gemüse, trotz des Embargos. Das Gemüse werde in den Libanon geliefert und von dort weiter in andere Länder. Ein grosses Problem sei jedoch die Beschaffung des Saatgutes. Dieses importieren sie aus Holland und das sei sehr teuer, vor allem durch den Zerfall des Syrischen Pfundes und der damit verbundenen Teuerung innerhalb Syriens. Er rechnet uns vor, dass 1.000 Tomatensamen 2.700 SYP gekostet hätten, heute liege der Preis für dieselbe Menge Samen bei 7.000 SYP. Wir diskutieren über Saatgutproduktion und professionellen Anbau. Er meint, es sei ein Problem, nicht hybrides, biologisches Saatgut im grossen Stil, so wie es hier notwendig ist, anzubauen. Wir widersprechen nicht, da wir diesbezüglich keine Fachleute sind. Wir weisen ihn jedoch darauf hin, dass Mother Agnes mit der er ja zusammenarbeitet, ausdrücklich solches Saatgut, nicht hybrid, biologisch und daher selbst reproduzierbar, verlangt hat. Er meint, er würde gerne mit ein paar Mustertüten experimentieren. Er sagt, sie könnten vieles tun, doch weist er uns auf die aktuelle Bedrohungslage Syriens hin.

Wir diskutieren noch andere, allgemeine Dinge: Er erzählt uns von einem Freund, der in den USA lebe. Dieser habe über 200 Mal beim Sender al-Jazeera angerufen und sich über die Berichterstattung zu Syrien beschwert – ohne Erfolg. Er weiss, dass man in Europa nicht sagen darf, man sei ein Freund der syrischen Regierung. Es gibt jedoch Fakten: Menschen sprengen sich selber in die Luft und töten andere Menschen, weil ihnen gesagt wurde, so kämen sie ins Paradies. Dies jedoch sei kein Problem des Islam, sondern ein Problem des fanatischen Wahhabismus und der Muslimbruderschaft, welche unter der Herrschaft der Engländer, damals gegen das ägyptische Volk gegründet wurden.[8]

**5. Oktober**

Wir verabschieden uns nach einem ausgiebigen und ausgezeichneten Frühstück von Nabils Familie. Nabil fährt uns in einem Ambulanzwagen ins Kloster Mar Yakub, wo wir irgendwann Mother Agnes treffen werden.

Zuvor jedoch fährt er uns noch zu einem anderen Militärstützpunkt, kein Stützpunkt der syrischen Armee, sondern einer Miliz, Volksverteidigungskräfte, die von der Armee bewaffnet und ausgebildet werden, aber eine eigene Struktur haben. Ihr Kommandant, mit dem uns Nabil eigentlich zusammenbringen wollte, ist leider zu Gesprächen in Damaskus. Nabil ruft ihn an und wir grüssen einander kurz per Telefon.

Mit dem Ambulanzwagen rasen wir Richtung Homs und Damaskus. In Qara, an der Abzweigung nach Mar Yakub, nach gefühlten 1.000 Strassensperren, die jedoch immer von äusserst korrekten und höflichen Soldaten besetzt sind, steigen wir aus. Wir werden vom Bürgermeister des Ortes empfangen und steigen in sein Auto um, er fährt uns durch den Ort Qara ins Kloster Mar Yakub, Nabil fährt mit seinem Ambulanzwagen zurück nach Baniyas.

Im Kloster angekommen erfahren wir, dass Mother Agnes noch nicht da ist, sie werde jedoch in den nächsten Tagen erwartet. Gemeinsam

[8] Die Muslimbruderschaft wurde 1928 von Hasan al-Banna unter der Herrschaft Grossbritanniens in Ägypten gegründet.

mit den Nonnen und Mönchen essen und trinken wir, danach werden uns zwei Zimmer zugewiesen.

**6. Oktober**

Ganzer Tag in Mar Yakub – mehr oder weniger rumhängen, Gespräche mit den Brüdern und Schwestern des Klosters, schöne und friedliche Atmosphäre – allerdings ist das ganze Gelände ringsum von der syrischen Armee bewacht; auch um in das Kloster zu gelangen, müssen zuvor mehrere Strassensperren passiert werden. Die Mönche und die Nonnen des Kloster kommen aus aller Welt, Belgien, Armenien, USA, Frankreich, Nigeria, Türkei und natürlich Syrien. Das Kloster hat neben Kirche und Krypta einen riesigen, sehr gepflegten Garten, Gästezimmer für Leute wie uns, einen grossen Essraum, Zellen für Mönche und Nonnen und Konferenzräume.

In einem dieser Konferenzräume fand just, als wir zu Besuch waren, ein Treffen statt. Wir haben dieses Treffen nicht besucht, aber uns

wurde davon erzählt: Mittlerweile ist es in Syrien zu einem Problem geworden, dass Kinder, obwohl es eine allgemeine Schulpflicht gibt, nicht mehr zur Schule gehen. Viele Eltern sind arm und lassen ihre Kinder lieber arbeiten als sie zur Schule zu schicken. Andere Kinder haben ihre Eltern verloren, wachsen nun bei fremden Leuten auf und gehen auch nicht zur Schule. Die Konferenz, die stattfand, wurde vom Bürgermeister des Dorfes angeregt. Lehrerinnen und Lehrer aus ganz Syrien nahmen teil, ebenso Beamte des Erziehungsministeriums und Delegierte von UNICEF. Es wurde uns berichtet, dass das Problem geschildert wurde und dass auch Lösungsvorschläge erarbeitet wurden. So sollen zum Beispiel Eltern, die ihre Kinder zur Arbeit statt zur Schule schicken, Geld bekommen, dies aber mit der Verpflichtung, ihre Kinder zur Schule zu schicken. Wir konnten die Konferenz natürlich nicht verfolgen, sondern nur die Berichte darüber hören. Trotzdem ist es sehr eindrücklich zu sehen, wie der syrische Staat alles in seiner Macht Stehende tut, um die Strukturen aufrechtzuerhalten, dies unter äusserst schwierigen Umständen. Auch schön zu sehen ist die Zusammenarbeit der staatlichen Behörden mit der Institution des Klosters: Niemand vom Kloster nahm an der Konferenz teil, sie stellten lediglich ihre Räumlichkeiten zur Verfügung.

**7. Oktober**

Noch immer ist Mother Agnes nicht aufgetaucht. Wir schliessen uns einer Gruppe der Mönche, Novizen und Besuchern des Klosters an, die nach Damaskus fahren. Wir rufen Ghassan und Amin an und verabreden uns mit ihnen. Im Bus wird darüber gesprochen, eventuell noch nach Ma'aloua zu fahren, aber das bleibt alles sehr vage und hängt von der Sicherheitslage ab. Hauptsächlich wollen die Mönche ihren BesucherInnen und den Novizen Damaskus zeigen. Je näher wir der Hauptstadt kommen, um so zahlreicher werden die Strassensperren, die Kontrollen werden strenger, d.h. man winkt uns nicht nur durch, sondern man kontrolliert tatsächlich die Pässe und guckt in den Bus. Dies alles geschieht jedoch mit grosser Höflichkeit und jede Kontrolle endet mit dem altbekannten „welcome to Syria“.

In Damaskus angekommen besuchen wir zuerst das Haus von einem Freund des Klosters, wo wir herzlich empfangen werden. Dann trennen wir uns von der Gruppe und warten in einem Kaffeehaus im Quartier Bab Touma auf Ghassan, der auch bald erscheint. Wir begrüssen uns und er schlägt vor, das Lokal zu wechseln; er führt uns in ein Restaurant in der Altstadt, ein wunderschönes Haus – „Beit al-Yasmin“ mit Namen – und Eva und ich sind wirklich überrascht. Drinnen merken wir, dass eben dieses „Beit al-Yasmin“ das erste Restaurant ist, das wir damals im Jahr 2004 mit unserer Tochter besucht haben. Nichts hat sich verändert, der Brunnen plätschert noch immer in der Mitte des grosszügigen Raumes, aber die Balkone, auf denen wir vor so langer Zeit gegessen haben, sind heute leer, nicht weil heute Freitag, also Feiertag ist, sondern weil allgemein weniger Gäste kommen. Bald schon taucht auch Amin auf und wir trinken, rauchen Nargile und essen Eis. Wir telefonieren mit unserer Gruppe, um sie wieder zu treffen, und wir verabreden uns mit ihnen vor der Umayyaden-Moschee. Alte Erinnerungen werden wach. Der Souk vor der Moschee ist noch genau so schön wie früher, wenn auch sehr viel weniger Menschen flanieren und viele der Läden geschlossen sind, aber das ist der Tatsache, dass heute Freitag ist, geschuldet. Auch hier: Vor und nach der Hauptstrasse zum Souk und auch an den Nebenstrassen gibt es bewaffnete Soldaten, welche die Besucher kontrollieren. Sie nehmen diese Aufgabe sehr ernst, jeder Rucksack, jede Tasche muss geöffnet werden.
Schliesslich treffen wir unsere Gruppe vor der Moschee, wir machen uns auf den Weg in ein Restaurant. Nach einem herrlichen und ausgiebigen Essen spazieren wir zurück zum Bus und man kann sich kaum vorstellen, dass wir uns in einem Land befinden, welches im Krieg ist. Ein friedlicher Abend, die Menschen flanieren auf den Strassen, Kinder, Erwachsene, alte Menschen, verschleierte Frauen, Frauen in westlicher Kleidung, genauso wie wir das von früher kennen.
Erst als wir im Bus sitzen, wird uns der Krieg wieder ins Bewusstsein zurückgerufen. An der ersten Strassensperre werden wir zurückgeschickt. Der Grund ist klar: In der Ferne hören wir vereinzelte

Kanonenschüsse. Wir werden auf einem anderen Weg aus Damaskus herausgeführt und kommen glücklich in Mar Yakub an. Morgen sollen wir, so es die Lage erlaubt, mit Mother Agnes (die noch immer nicht angekommen ist) und ihrem Hilfskonvoi nach Aleppo fahren. Wir werden sehen.

**8. Oktober**

Abfahrt nach Aleppo. Wir werden orientiert, dass unser eigentliches Ziel nicht Aleppo ist, dort ist eine Verteilung nicht möglich. Wir werden mehrere Vororte besuchen und dort Nahrungsmittelpakete verteilen.

Wir treffen in Homs ein, wo der Lastwagen mit den Nahrungsrationen, verpackt in Kartons, bereits wartet. 800 Kartons, in denen sich Grundnahrungsmittel wie Reis, Mehl, Öl, Zucker etc. befinden, wurden zusammengestellt und gekauft vom Kloster Mar Yakub, finanziert mit Spendengeldern. Der Lastwagen, begleitet von zwei Soldaten der syrischen Armee, fährt voraus, zwei PKW's mit Nonnen, HelferInnen und uns folgen. Immer wieder Strassensperren, bis wir schlussendlich an unserem Bestimmungsort, einem Ort namens al-Waha, ca. 20 km südöstlich von Aleppo entfernt, ankommen.

Die Verteilung wurde schon vor unserer Ankunft vorbereitet: Die Behörden des Dorfes, also der Bürgermeister und übrige Mitglieder der Lokalbehörde erstellten Namenslisten von den Bedürftigen. Diese bekommen bei der Gemeinde Coupons, diese Coupons können sie dann, wenn die Pakete verteilt werden, einlösen, indem sie einen Fingerabdruck neben ihren Namen auf der Liste drücken. Dafür bekommen sie dann ein Paket mit Grundnahrungsmitteln. Dadurch wird verhindert, dass sich einige mehrmals bedienen oder andere leer ausgehen. Betrug wird so weitgehend ausgeschlossen. In al-Waha gibt es ein Magazin, in welchem die Nahrungsmittel gelagert und zu Paketen zusammengefasst werden. Im selben Gebäude, in welchem sich dieses Lager befindet, entsteht auch eine Volksküche – davon weiter unten mehr.

Morgen, am 9. Oktober, sollen 2.000 Familien Essen bekommen.

Diese Versorgung ist notwendig, weil es den Menschen am Notwendigsten fehlt und sich keine andere Hilfsorganisation in dieses Gebiet wagt. Immer wieder werden von den Nonnen solche Aktionen gemacht, solange es eben nötig ist. Nötig ist es nur wegen dem Krieg. Die Gegend um Aleppo ist eine der reichsten Gegenden Syriens, eine Kornkammer nicht nur für das Land, sondern für die gesamte Region. Der Krieg hat all das zerstört, vor allem weil die Banden des IS, der FSA oder der Nusra Front die Wasserversorgung zerstört haben. Den Leuten hier ist es egal, ob man diese Banden Daesh, Nusra, FSA oder wie auch immer nennt, sie machen keinen Unterschied; für sie sind das alles Terroristen, die ihnen ihre Lebensgrundlagen zerstören. Hilfe, die für sie kommt, kommt ganz klar aus einer Richtung, nämlich von der syrischen Armee und von der kleinen Organisation des Klosters Mar Yakub. Diese wagen es als einzige, mit Hilfskonvois in die Region zu fahren. (Bevor wir von Mar Yakub aufgebrochen sind, mussten wir übrigens unterschreiben, dass wir uns bewusst sind, dass wir in eine Kriegszone reisen und dass wir dies auf eigene Verantwortung tun.)
Das Essen, welches wir mithelfen zu verteilen, ist Nothilfe; keine Früchte, kein Gemüse, dafür möglichst Dinge, die nicht lange gekocht werden müssen, wie Thunfisch und ähnliches. Kochen kann zu einem Problem werden, denn die Terroristen haben vielerorts die Stromleitungen gesprengt und den Stahl samt den Leitungen gestohlen und verkauft, auch Gas ist hier Mangelware. Immer wieder betonen die Menschen hier, dass Syrien einst ein reicher und ein sicherer Ort war. Im ganzen Land lebten Christen, Muslime und Juden friedlich miteinander, religiöse Feste wurden sogar gemeinsam gefeiert. Zu den christlichen Hochzeiten kamen Muslime, um mitzufeiern, an den muslimischen Beerdigungen trauerten Christen und Juden gleichermassen mit. All das soll nun zerstört werden: Mit Dollars aus den USA, mit Waffen und Söldnern aus aller Welt und mit einer Droge namens Captagon. Die Waffen, die Söldner und die Drogen, das berichten uns die Leute wie aus einem Mund und unabhängig voneinander, werden über die Türkei eingeschleust.

Was es denn mit der „Freien Syrischen Armee“ auf sich habe, wollen wir von einem Mitarbeiter des Verteilzentrums wissen. Er winkt ab. „‘Freie Syrische Armee‘, al-Qaida, al-Nusra, Muslimbrüder, ich kann dir noch andere nennen“ sagt er, „das ist alles dasselbe. Sie haben nur ein Ziel, nämlich Syrien zu zerstören. Sie kämpfen für den Islam, sagen sie. Warum zerstören sie dann Moscheen? Wenn sie für die Freiheit kämpfen, warum töten sie dann wahllos Menschen? Die Grausamkeiten, sie sie begehen, können gar nicht alle erzählt werden!“ Wir werden im Verteilzentrum zu Tee und Kaffee eingeladen. Immer mehr Leute stossen dazu und lebhafte Gespräche und Diskussionen entwickeln sich. Auch hier hören wir wieder von einfachen Menschen, dass es die europäische und US-amerikanische Politik ist, unter der Syrien leidet. Natürlich, Saudi-Arabien und Qatar, das sehen sie natürlich auch. „Aber“ sagt einer, „was waren denn die Saudis, bevor entdeckt wurde, was man mit Erdöl alles machen kann? Ein Haufen Kameltreiber ohne die geringste Kultur. Nimm ihnen das Öl weg und sie sind wieder genau das. Das Öl hat sie dekadent gemacht.“ „Warum“ fragt ein anderer, „schweigen die USA, warum schweigt die Welt zu dem, was Saudi-Arabien in Yemen anrichtet? Soeben wurde gemeldet, wieder seien 400 Menschen unter den Bomben der Saudis gefallen, 700 wurden verletzt.“ Ein pensionierter Lehrer versichert uns, für ihn sei Bashar al-Assad nicht nur Präsident, für ihn sei er ein Bruder und ein Freund.

**9. Oktober**

Volksküche im wahrsten Sinne des Wortes! In al-Waha haben die Nonnen von Mar Yakub gemeinsam mit den lokalen Behörden und den Frauen des Dorfes eine Volksküche aufgebaut. Wir kommen an und uns wird alles gezeigt und erklärt: Das Projekt wurde lange geplant und ist jetzt eben dabei, Realität zu werden. Mar Yakub kauft mit Eigenmitteln und mit Spendengeldern Nahrungsmittel auf dem syrischen Markt ein, Reis, Bohnen, Gemüse, Kartoffeln; alles, was es für eine vollwertige Mahlzeit braucht, wird in der Volksküche in al-Waha eingelagert. Riesige Töpfe stehen bereit.

Als wir ankommen, werden eben die freiwilligen Helferinnen aus dem Dorf instruiert. Strikte Disziplin wird gefordert. In der Küche darf nicht geraucht werden, niemand ausser denjenigen, die darin arbeiten, darf die Küche betreten; es werden verschiedene Teams gebildet, die einen rüsten das Gemüse, die anderen kochen usw. So werden Mahlzeiten für 5.000 Familien zubereitet, das bedeutet, dass ca. 25.000 Menschen durch diese Volksküche zu mindestens einer vollwertigen warmen Mahlzeit pro Tag kommen. Das Essen wird in die umliegenden Dörfer an die Bedürftigen verteilt. Wiederum ist es, wie schon bei den Essenspaketen so, dass die örtlichen Behörden darüber Bescheid wissen, wer die Bedürftigen sind und bedürftig sind in diesem Kriegsgebiet so gut wie alle. Auch hier hören wir immer wieder Kanonendonner und Geschützfeuer.
Diese Aktion der Volksküche ist in mehr als einer Hinsicht hilfreich: Erstmal bekommen natürlich die Menschen, denen die vom Westen finanzierten und ausgerüsteten Terroristen alles genommen haben, Nahrung. Dann aber ist es nicht irgendein Hilfsprogramm, sondern die Menschen vor Ort werden unmittelbar in das Projekt eingebunden. Sei es, dass sie als Freiwillige in der Küche selbst mitarbeiten, sei es, dass sie als Verteiler die zubereiteten Mahlzeiten in die Dörfer bringen, sie sind nicht nur direkt beteiligt, sie diskutieren und bestimmen auch mit. Ein weiterer nicht zu unterschätzender Pluspunkt dieses Projektes ist die Tatsache, dass sämtliche Rohstoffe für die Zubereitung der Mahlzeiten auf dem syrischen Markt eingekauft werden.
Wir verbringen die Nacht in einem Hotel, welches uns die Gemeinde al-Waha zur Verfügung stellt. In diesem Hotel, so wird uns berichtet, steigen auch die Delegierten von Nordkorea und von Russland ab, wenn sie die Region besuchen. Wir wissen natürlich nicht, wie diese Mitteilung auf die anderen Mitglieder unserer Gruppe wirkt, wir jedenfalls fühlen uns geehrt.

**10. Oktober**

Wir reisen von al-Waha ins ca. 20 Kilometer entfernte Aleppo. Den Osten der Stadt zu besuchen ist unmöglich, dieser Teil Aleppos ist nach wie vor hart umkämpft. Die Zitadelle, so wird uns erzählt, sei in der Hand der Armee, jedoch von den Terroristen umzingelt. Die Armee-Einheit innerhalb der Zitadelle wird aus der Luft durch Hubschrauber mit Nahrungsmitteln und Munition versorgt. Das Ziel ist natürlich, ganz Aleppo aus den Klauen der Terroristen zu befreien. Dies ist jedoch, ebenso wie in anderen Städten auch, nur unter sehr grossen Schwierigkeiten möglich, und die Armee geht mit äusserster Sorgfalt vor, weil die Terroristen auch hier die Zivilbevölkerung als Geisel halten. Mehr oder weniger erzählen uns die Menschen überall dieselben Geschichten: Sobald es der Armee gelungen ist, die Terroristen zu vertreiben, ist ein normales Leben wieder möglich. Niemand, mit dem wir gesprochen haben, macht einen Unterschied zwischen al-Nusra Front, al-Qaida, ISIS, der „Freien Syrischen Armee“ oder anderen Banden. Für die Menschen hier sind das alles Terroristen, die ins Land gekommen sind, um Syrien zu zerstören. Es wird keineswegs verneint, dass es unter den Terroristen auch Syrer gibt, immer wieder betonen die Menschen jedoch, völlig unabhängig voneinander, diese Syrer seien die absolute Minderheit. In aller Regel flüchten die syrischen Mitglieder der Banden schon nach kurzer Zeit, um von der Amnestie der Regierung zu profitieren. Die Banden kommen aus dem Ausland, sie werden vom Westen, von den USA und Europa trainiert, bewaffnet und bezahlt.

Die Autobahn nach Aleppo ist nicht passierbar. Also geht es in Begleitung des Militärs auf einer schmalen, viel befahrenen kleinen Strasse in die umkämpfte Stadt. Wir passieren gefühlte 1.000 Checkpoints der Armee und der mit der Armee verbündeten libanesischen Hisbollah und wir sind dankbar für jeden einzelnen dieser Checkpoints. Anders als in manchen anderen, sicheren Teilen des Landes wird hier wirklich kontrolliert. Die Tatsache, dass wir in Begleitung von Offizieren der syrischen Armee sind, lässt uns trotzdem relativ rasch vorankommen. In Aleppo sind wir dann erstmal überrascht, wie normal sich das Leben in der Stadt abspielt. Es gibt Märkte, die Läden sind offen, natürlich sehen wir viele Ruinen, aber es wird auch wieder aufgebaut. Neben der alltäglichen Geräuschkulisse einer syrischen Grossstadt, bestehend aus Motorenlärm, Autohupen und den Rufen des Muezzin, hören wir immer wieder das Krachen und Donnern des nahen Krieges.

Wir besuchen wir ein Rehabilitationszentrum für körperlich und seelisch behinderte Menschen. Das Zentrum ist staatlich, wird aber zum Teil auch von Mar Yakub unterstützt, und steht ausserdem unter der Schirmherrschaft der UNESCO. In diesem Zentrum werden behinderte Kinder, Jugendliche und Erwachsene ihren Bedürfnissen und Möglichkeiten entsprechend geschult und sie können in den Werkstätten arbeiten. Die Werkstätten umfassen ein Nähatelier, eine Metallwerkstatt und Einrichtungen, in denen die Kinder und Erwachsenen zum Teil in Einzelunterricht geschult werden. Nur wenige Kilometer davon entfernt tobt der Krieg und hier finden wir eine wirklich vorbildliche Institution, welche in Europa wahrscheinlich schon längst der Sparwut unserer Politik zum Opfer gefallen wäre! Wir werden von Jean C. Jeanbart, dem Bischof der melkitischen Kirche von Aleppo, empfangen. Er ist höchst erfreut, uns zu sehen, und auch er bittet uns, nach unserer Rückkehr nach Europa das zu berichten, was wir gesehen und gehört haben, die Wahrheit: Christen, Muslime, Juden, alle Religionen und Ethnien hätten nicht nur in Aleppo, sondern in ganz Syrien seit jeher friedlich zusammengelebt, versichert er uns, und er sei davon überzeugt, dass dieses vorbildliche Zusammenleben wiederkommen werde, sobald die Einmischung von aussen aufhöre. Wir fragen ihn, ob in der gegenwärtigen Situation die Christen besonders gefährdet seien. Er überlegt einen Moment und verneint dann. Wohl sei die christliche Gemeinde von Aleppo wie jede andere christliche Gemeinde Syriens auch erheblich geschrumpft. Dies habe natürlich mit dem Krieg, mit den schrecklichen Ermordungen und mit der Tatsache zu tun, dass alle, die aus so einer Situation fliehen können, eben flüchten. Davon seien aber nicht allein die Christen betroffen, sondern ausnahmslos alle Menschen in Syrien. Bevor wir uns von ihm verabschieden, entschuldigt er sich noch bei uns, dass er nicht mehr Zeit für uns erübrigen konnte.

Auf derselben Route, auf der wir gekommen sind, verlassen wir Aleppo wieder. Wieder herrscht reger Verkehr auf der Zufahrtsstrasse und wir denken an die eingeschlossenen Menschen und sind dankbar für jeden Lastwagen, der uns entgegenkommt und Waren nach Aleppo bringt.
In Nayab, einem der Vororte von Aleppo, besuchen wir ein Krankenhaus. Vor diesem Krankenhaus wird uns ein weisser Container gezeigt. Dieser Container wurde zu einem perfekt ausgerüsteten mobilen Operationssaal umgebaut. Der notwendige Strom kommt aus einem Benzingenerator. Gebraucht wird dieser Container hier in Nayab, er kann jedoch bei Bedarf auch an andere Orte verschoben werden. Dieses Spital verfügt nur über 10 Betten und sollte eigentlich 2.500 Menschen medizinisch versorgen können. Natürlich werden unter diesen Umständen nur die allerschlimmsten Notfälle aufgenommen, wann immer möglich wird ambulant behandelt.
Wir fahren zurück nach al-Waha und verbringen eine weitere Nacht im Hotel, in dem auch die russischen und die nordkoreanischen Delegationen zu übernachten pflegen.

**11. Oktober**
Rückreise, unsere Wege trennen sich. Wir packen unsere Sachen im Hotel zusammen und besuchen ein letztes Mal die Volksküche, um uns zu verabschieden. Wir können natürlich nicht einfach hingehen und Hallo und auf Wiedersehen sagen. Wir müssen uns hinsetzen, Kaffee und Tee mit den Leuten trinken, alles was sie haben wird uns angeboten. Die Wärme und Herzlichkeit dieser Menschen ist wirklich unbeschreiblich.
Nach der Volksküche besuchen wir noch eine politische Versammlung am Ort. In einem grossen Gebäude sind mehrere hundert Menschen versammelt. Auf dem Podium sitzen der Gouverneur

der Provinz und mehrere Parlamentarierinnen und Parlamentarier, welche die Provinz in Damaskus vertreten. Sie stellen sich hier den Anliegen und der Kritik der Menschen, die Diskussion ist lebhaft, aber sehr diszipliniert. Wir werden in einen kleineren Nebenraum geführt, in welchem schon einige Leute versammelt sind, Offiziere, Bürgermeister und andere Offizielle. Sie alle hoffen, noch mit dem Gouverneur reden zu können, auch uns wurde gesagt, dass er sich für uns Zeit nehmen wird. Daraus wird jedoch nichts, denn er lässt sich mit den Leuten draussen, die ihn anscheinend mit Anliegen und Fragen bestürmen, alle Zeit der Welt. Nach einiger Zeit erscheinen jedoch ein Parlamentarier und eine Parlamentarierin, wir haben die Gelegenheit, ein paar Worte mit ihnen zu wechseln.

Auf unsere Frage, was er uns, die wir aus der Schweiz kommen, sagen möchte, antwortet er: Er erwarte vom schweizerischen Parlament, dass es mit dem syrischen Volk solidarisch ist, welches das Recht hat, sich gegen den Terror zu verteidigen.

Wenn es noch einen Beweis gebraucht hätte, dass die Mehrheit des Volkes hinter der Regierung steht, dann haben wir ihn hier: Vertreter des Parlaments und der lokalen Regierung stellen sich vor das Volk und sind Teil dieses Volkes. Wir wissen nicht, wie lange die Versammlung noch gedauert hat, wir mussten aufbrechen, da wir, wenn möglich, die ganze Strecke zurück bei Tageslicht fahren wollten. In Homs machten wir vor dem Zentrum, welches ebenfalls von den Nonnen von Mar Yakub unterstützt wird, Halt. Vor diesem Zentrum steht ein Container, der auch zu einem mobilen Krankenhaus umgebaut werden soll, wie der, den wir in Nayab gesehen haben. Im Keller des Zentrums ist ein Nähatelier eingerichtet. Dort werden ausschliesslich Schlafsäcke genäht. Das Prinzip ist dasselbe wie in der oben beschriebenen Volksküche: Die Nonnen kaufen das Rohmaterial ein und stellen die Maschinen zur Verfügung. Frauen und Männer des Ortes arbeiten im Atelier und nähen die Schlafsäcke zusammen. Diese Schlafsäcke sind eine Erfindung der Nonnen. Sie lassen sich innen leicht mit einem Teppich auslegen, falls man auf dem nackten Boden schlafen muss. Die Näherinnen und Näher

werden für ihre Arbeit bezahlt und die fertigen Schlafsäcke werden an Menschen verteilt, welche durch den Krieg ihr Obdach verloren haben und nun gezwungen sind, irgendwo zu übernachten. Dieses Projekt wird mit besonderem Elan vorangetrieben, denn der Winter steht vor der Tür und die Menschen sind auf warme Kleidung, Decken und eben diese Schlafsäcke angewiesen. Wie überall wird auch hier nicht nur, aber vor allem mit Binnenflüchtlingen gearbeitet. Es sind vor allem diese Binnenflüchtlinge, die leiden. Sie haben alles verloren und für den Staat ist es sehr schwer zu helfen. Wohl bekommen sie staatliche Unterstützung, die ist jedoch so gering, dass sie kaum ausreicht. Eigentlich, so wird uns gesagt, wäre diese Unterstützung vollkommen ausreichend. Aber vor allem durch das Embargo gegen Syrien haben sich die Preise zum Teil verzehnfacht. Nothilfe von Institutionen wie dem Kloster Mar Yakub ist für viele Menschen also absolut existenziell.
Nach der Besichtigung des Ateliers trennen sich unsere Wege. Wir fahren in einem für uns bestellten Servicetaxi zum Kloster Mar Yakub zurück, die Nonnen bleiben hier in Homs, um später nach Hama weiter zu fahren, wo sie weitere Projekte betreuen.

**12. Oktober**

Gestern Abend sind wir in Mar Yakub angekommen, wo wir die Nacht verbracht haben. Heute morgen dann sind wir mit zwei Autos nach Damaskus gefahren. Wiederum fuhr ein Offizier der syrischen Armee mit uns, was die Abwicklung an den Checkpoints sehr erleichtert. In Damaskus wurden wir von Ghassan begrüsst und in der Wohnung seiner Familie willkommen geheissen.
Im Jahr 2004 waren wir in Damaskus und seither nicht mehr. In diesen Jahren hat sich die Stadt sehr verändert und das ist nicht nur dem Krieg geschuldet. Es ist auffallend, dass das Strassenbild, verglichen mit 2004 sehr viel westlicher geworden ist. Die Geschäfte bieten westliche Waren an; je nach Gegend, in der wir uns bewegen, könnte man sich vorstellen, in einer europäischen Hauptstadt zu spazieren. Das gilt natürlich nicht für das alte Damaskus; dieses hat nichts von

seinem Charme eingebüsst. Durch den Krieg und durch das Embargo gibt es keine westlichen Touristen mehr in Damaskus. Ein Antiquitätenhändler in der Altstadt erklärt uns, nun würde er seine Geschäfte hauptsächlich mit Kunden aus Dubai und den anderen Golfstaaten machen. Aber natürlich habe er enorme Einbussen. Der Ein- und Ausgang zum Souk al-Hamidiya wird vom Militär bewacht. Taschen und Rucksäcke werden durchsucht, es kann auch vorkommen, dass man abgetastet oder mit Metalldetektoren durchsucht wird. Dass dies notwendig ist, sehen alle ein und so verlaufen diese Kontrollen denn auch diszipliniert und zügig.
Nachts hören wir auch hier ab und an Gewehrsalven krachen. In Homs, Aleppo und in den anderen Gebieten wussten wir anhand der Lautstärke oder anhand unserer eigenen Position immer mehr oder weniger sicher, ob jetzt die syrische Armee oder die Terroristen am Schiessen waren. Hier in Damaskus ist uns das nicht möglich. Der Lärm kann ebenso gut von Scharfschützen der Terroristen wie von den Streitkräften der Armee kommen.

**13. Oktober**
Wieder den ganzen Tag mit unseren Freunden in Damaskus unterwegs. Wir organisieren verschiedene Dinge: Wo werden wir zum Beispiel Schwester Joseph-Marie, die ja an der Container- Aktion in Arlesheim dabei war, sehen? Auch Amin werden wir vor unserer Abreise nochmals treffen. Henriette hat ihre eigenen Freunde besucht, und wir werden sie morgen am späten Nachmittag in Damaskus treffen. Den Abend verbringen bei Ghassan mit ausgiebig Nargile[9] und Gesprächen. Auch hier fällt, wie überall, auf: Alle, sowohl von der der Familie, als auch von den Freunden, die vorbeikommen, vertreten ausnahmslos die Meinung, dass es in Syrien keinen Bürgerkrieg, sondern einen Angriffskrieg von aussen gibt.

---

[9] Wasserpfeife

**13./14. Oktober**
Bummel mit Ghassan über den Souk al-Hamidiya. Wären nicht die zahlreichen Kontrollen, alles wäre wie früher. Es läuft alles ein wenig lockerer, denn gestern ging die Aschura[10] zu Ende, und da wurden natürlich Anschläge befürchtet, die es tatsächlich auch an einigen Orten gab. Es gab Anschläge, aber alle, mit denen wir gesprochen haben, sind der Meinung, es habe sich im Rahmen gehalten, ja es habe kaum mehr Anschläge gegeben als zu den übrigen Zeiten des Jahres.
Nachts hören wir auch in Damaskus Geschützfeuer, weiter weg zwar als in Aleppo und Homs, dennoch sind die Angriffe eine Realität. Die Leute in Damaskus lassen sich davon nicht beeindrucken. Das Leben geht am Tag und in der Nacht weiter. Der Unterschied sind die bereits erwähnten Kontrollen und leider neu auch Kinder, die betteln. Dies ist ein Bild, welches wir von früher her nicht oder kaum kennen.
Wir treffen noch ein letztes Mal unsere Freunde zu einem gemeinsamen Spaziergang über den Souk, dann trennen wir uns für eine Nacht. Sie gehen mit Henriette nach Hause, während wir mit Ghassan und Amin zum Nachtessen in ein Restaurant einkehren. Die Nacht verbringen wir wieder bei Ghassans Familie, etwas gedrückt, weil wir morgen ja schon wieder abreisen müssen.
Am nächsten Morgen trifft Henriette mit Ali bei uns ein. Issam, ein Freund von Ghassan fährt uns nach Beirut. Jetzt merken wir, dass die Kontrollen des syrischen Militärs nicht so locker vom Hocker gehen wie wir das gewöhnt sind, wenn wir in Begleitung eines Offiziers oder der Nonnen reisen. Der Kofferraum muss geöffnet werden, ebenso das Gepäck, das Auto wird mit Detektoren nach Sprengstoff abgesucht. Wir kommen in Beirut an, verabschieden uns von Issam und geben unser Gepäck auf.
Damit wäre die Reise eigentlich beendet, eine Episode muss dennoch angefügt werden: Der Rückflug ging nach Basel, mit einer Zwischenlandung in Frankfurt. Für den Anschlussflug nach Basel

10 Während der Aschura gedenken die Schiiten des Todes des für sie dritten Imams Husain in der Schlacht von Kerbela. Er gilt als Märtyrer, dessen Ermordung sowohl für Schiiten und Alewiten als auch generell in der Geschichte des Islams ein besonderes Ereignis darstellt, dessen sie mit verschiedenen Trauerfeiern gedenken. Husain war der Sohn von Ali ibn Abi Talib (dem ersten Imam der Schiiten) und der Enkel des Propheten Mohammed.

mussten wir in Frankfurt nochmals durch die Sicherheitskontrolle. Mein Rucksack, den ich als Handgepäck dabei hatte, blieb in der Kontrolle hängen: Der Scanner hatte offenbar Spuren von Sprengstoff am Rucksack gefunden. Zwei Beamte mit Maschinenpistolen wurden gerufen und mein Rucksack wurde aufs gründlichste durchsucht – ohne Resultat selbstverständlich. Ohne Entschuldigung seitens der Beamten konnten wir nun gehen und erreichten grade eben noch unseren Anschlussflug. Spuren von Sprengstoff an meinem Rucksack! Sowas ist doch vollkommen unmöglich, das muss einfach ein Irrtum sein. Dann aber fällt mir ein, wo wir überall waren: Kann es sein, dass mein Rucksack in Aleppo oder an sonst einem Ort mit Sprengstoff kontaminiert wurde, wenig zwar, aber doch genug, um es auf dem empfindlichen Detektor anzuzeigen? Eine andere Erklärung haben wir nicht. Dann allerdings hätte mein Rucksack wohl die Sprengstoffspuren dahin zurückgebracht, woher sie kommen.

# VI
# Exkurse

## 1) Kurden

Bei verschiedenen Leuten, mit denen wir gesprochen haben, haben wir uns nach der Situation im Norden, in den kurdischen Gebieten, erkundigt. Die Antworten, die wir bekommen haben, waren nicht immer dieselben, aber doch mehr oder weniger gleich: In den Gebieten, die vornehmlich von Kurden bewohnt werden, war immer alles ruhig. Kurden, Muslime und Christen lebten ohne Problem zusammen. Durch die Ereignisse hat sich das geändert, auch kurdische Verbände sind jetzt in die Kämpfe verwickelt, anfangs haben sie allerdings noch versucht, sich herauszuhalten. Soweit herrscht bei allen, die wir befragt haben, Konsens. Warum die Kurden nun in die Kämpfe verwickelt sind, darüber haben wir zwei verschiedene Erklärungen gehört, die sich teilweise überschneiden:

1. seien die Kurden der PKK und mit ihnen verbündete Truppen nach Syrien gekommen, um sich dort mit den ansässigen Kurden gegen die Banden des IS und anderer Terroristen zu verbünden.
2. würden nun die syrischen Kurden, infiltriert von der PKK, vom syrischen Staat Autonomie bis hin zu einem eigenen Staat fordern. Wir fragen einen Offizier, der auch im Norden Syriens gekämpft hat, wie Ain al-Arab, im Westen fälschlicherweise „Kobane" genannt, von den Terroristen befreit worden sei. Seine Antwort ist ausführlich und klar: Die kurdischen Verbände dieser Region seien von der syrischen Armee bewaffnet und zum Teil auch ausgebildet worden. Das Ziel sei gewesen, Milizen zu schaffen, die das Land verteidigen. Gemeinsam mit der syrischen Armee und mit diesen Milizen sei es schliesslich gelungen, Ain al-Arab und ganz Rojava zu befreien. Wenn nun, nach der Befreiung, von den Kurden Autonomie oder gar ein eigener Staat gefordert werde, dann müsse das eine politische, keine militärische Frage sein. Auf jeden Fall aber sei es falsch, jetzt, da das gesamte Land von allen Seiten angegriffen werde, solche Forderungen zu stellen.

**2) Bildung**

Immer wieder fällt es auf, wie viel Wert auf Bildung gelegt wird. Alle, die das einigermassen können, bemühen sich, mit uns englisch oder französisch zu sprechen, obwohl ja Henriette als Übersetzerin zur Verfügung steht. Es wird auch immer wieder, von allen Seiten und unabhängig voneinander, voller Empörung erzählt, dass die Terroristen, überall wo sie hinkommen, zuerst die Schulen, die Bibliotheken und die Universitäten zerstören. Syrien, das bestätigen uns alle, hat ein hervorragendes Bildungssystem und ist dafür auch in der ganzen Welt bekannt. Syrische Ärzte arbeiten in aller Welt, das hat sich, trotz des Krieges nicht geändert.

**3) Präsident Bashar al-Assad**

In den von den Terroristen befreien Gebieten ist der Präsident omnipräsent. Kein öffentlicher Platz, keine Amtsstube, kein öffentlicher Raum ohne ein Bild des Präsidenten. Trotzdem wäre es völlig falsch, von einem Personenkult zu sprechen, wie das zum Beispiel in der Türkei mit Mustafa Kemal Atatürk oder aktuell mit Erdogan der Fall ist. Eine Anekdote mag das verdeutlichen: Neben den Bildern von Bashar al-Assad sieht man auch viele von seinem verstorbenen Vater Hafez al-Assad, auch von anderen Mitgliedern der Regierung. Besonders von Hafez stehen relativ viele Denkmäler auf den öffentlichen Plätzen.

Die Unruhen in Baniyas konnten mittels einer Mediation geklärt werden. Im Sinne eines Entgegenkommens beschloss die Regierung, die Statue von Hafez al-Assad auf dem zentralen Platz von Baniyas entfernen zu lassen. In der Folge kam es zu Demonstrationen gegen diesen Entscheid und die Statue steht noch immer.

Die Regierung und vor allem der Präsident Bashar al-Assad sind Integrationsfiguren für das syrische Volk. Wer noch in Friedenszeiten in Opposition zum Präsidenten stand, hat jetzt, da das Land als solches bedroht ist, in aller Regel die Meinung geändert. Folgende Aussagen haben wir von verschiedenen Menschen unabhängig voneinander gehört:

– Es gibt keine Alternative zum Präsidenten al-Assad.
– Wenn der Präsident das Land verlässt, werde ich auch gehen.
– Der Präsident ist Syrien.
– Syrien und sein Präsident sind die letzte Bastion gegen Zionismus und Imperialismus in der arabischen Welt.

Der Westen hat versucht, al-Assad zu dämonisieren und zu demontieren; das Kalkül war, ihm ein ebenso schnelles Ende zu bereiten wie zuvor Ben Ali, Mubarak und Muammar al-Gaddafi. Dieses Verbrechen ist misslungen. Misslungen ist es vor allem, weil das syrische Volk hinter dem Präsidenten und hinter der Regierung steht. Die Politik der Zersetzung und der Destabilisierung wird von der überwiegenden Mehrheit des syrischen Volkes, vom einfachen Bauern bis zum Intellektuellen, durchschaut.

**4) Kriegsgewinnler**

Die Teuerung in Syrien ist exorbitant und jenseits von Gut und Böse. Die Preise sind bis auf das zehnfache gestiegen. Der Grund für dieses Verbrechen liegt in einem anderen Verbrechen, nämlich dem Embargo, welches über Syrien verhängt wurde. Natürlich gibt es durch diese Ungeheuerlichkeiten auch innerhalb des Landes vermehrt Kriegsgewinnler, die sich am Leiden der anderen bereichern. Die Regierung versucht dem beizukommen, es ist jedoch, so wird uns gesagt, sehr schwierig.

Das Ganze erinnert uns sehr an die Geschichte „Das gestohlene Hemd“ von Ghassan Kanafani.[11] In dieser Geschichte berichtet Kanafani von der Verzweiflung eines jungen Vaters im Flüchtlingslager, der für seinen Sohn ein Hemd und für sich und seine Frau Mehl für Brot braucht. Er trifft auf einen Verräter, der im anbietet, ihm einen halben Sack Mehl zu überlassen, wenn er Schmiere steht, während der Verräter das Mehl aus der UNO Hilfslieferung klaut. Das Problem im heutigen Syrien sehen wir ähnlich: Im von Kanafani beschriebenen Flüchtlingslager ist wohl der Verräter, der das Mehl stiehlt, ein

[11] „Das gestohlene Hemd“, Erzählung von Ghassan Kanafani, in: Poesie des Widerstandes, TuP-Verlag Hamburg

Verbrecher – dieses Verbrechen jedoch hat Ursachen, nämlich das Flüchtlingslager selbst und die Vertreibungspolitik der Zionisten. Ebenso sind die Kriegsgewinnler im heutigen Syrien Verbrecher. Ursächlich dafür sind jedoch die Angriffe gegen Syrien, das Embargo und die verbrecherische Politik des Westens.

**5) Saatgut**

Die Saatgutbank in Baniyas arbeitet ausschliesslich mit hybridem Saatgut, welches über den Libanon von Holland importiert wird. Wir halten das für einen Fehler. Einerseits, weil so die Abhängigkeit von den Saatgutfirmen von Holland oder von anderswo gegeben ist, andererseits aber auch, weil sich dieses Saatgut nicht selber reproduziert. Die Bauern müssen zwar das Saatgut nicht oder nur zu einem geringen Preis kaufen, weil es ihnen der Staat zur Verfügung stellt, gleichwohl sind sie immer wieder auf Lieferungen von neuem Saatgut angewiesen, sie haben keinen eigenen Vorrat an Saatgut. Adnan Iskander, der Direktor der Saatgutbank erklärt uns, dass die Erträge mit nicht hybridem Saatgut geringer seien, ausserdem sei nicht hybrides Saatgut viel teurer.
Nach dem Gespräch mit ihm haben wir angefangen zu rechnen: Wiederverwertbares Saatgut ist tatsächlich um etwa 10% teurer, über die Erträge können wir keine Aussage machen. Wir regen an, es mit einigen wenigen Versuchsfeldern zu versuchen, ohnehin arbeitet ja das Kloster Mar Yakub mit Adnan Ibrahim zusammen. Die Erfahrungen der Klosterplantagen können ausgewertet und möglicherweise auch für die grossen Felder Syriens genutzt werden. Adnan Iskander sagt, sie könnten vieles machen, doch Syrien sei in einer schwierigen Situation.

**6) Kurden (2)**

In Ma'aloula wird aramäisch gesprochen. In Qamischli wird syrjanisch, kurdisch und ein aramäischer Dialekt gesprochen. Amts- und Schulsprache ist in Qamischli, ebenso wie überall in Syrien, arabisch. Kurden haben gemeinsam mit der syrischen Armee gegen den IS gekämpft. Nachdem es mit dieser gemeinsamen Anstrengung gelungen ist, die Banden des IS aus der gesamten Region, nicht nur aus Qamischli, sondern auch aus Hasake und Ain al-Arab zu vertreiben, haben die Kurden Autonomie verlangt. Einige Gruppen fordern mittlerweile sogar einen eigenen Staat. Nicht-Kurden, also Araber, Christen und andere, wurden nicht direkt vertrieben, aber ihnen wird nahegelegt, die Gegend zu verlassen. Ihnen werden von Kurden zum Teil horrende Preise für ihr Land und für ihre Häuser angeboten. Ein Stück Land im Wert von einer Million geht zum Beispiel für zwei oder drei Millionen weg. Woher die Kurden dieses Geld plötzlich haben, weiss niemand. Saida, die uns diese Geschichte erzählt, stammt selber aus Qamischli. Ihre Familie weigert sich bis heute, dem Druck nachzugeben und zu verkaufen.

**7) Strassensperren / Checkpoints**

Es widerstrebt, das Wort „Checkpoint" zu schreiben, weil dies ein von den Zionisten besetzter Begriff ist. Erwähnen müssen wir diese Kontrollposten der syrischen Armee trotzdem. Sie sind überall, an allen Ein- und Ausgängen der Ortschaften, an jeder Strasse, vor jedem wichtigen Gebäude. Wir haben gesehen, wie Autos penibel durchsucht wurden, das ist jedoch nicht die Regel. Oft, besonders auf dem Land, wo die Leute einander kennen, werden die Leute einfach mit einem lässigen Kopfnicken durchgeschickt. Oft sehen wir auch, dass die Leute den Soldaten an der Strassensperre Kaffee, Zigaretten oder Süssigkeiten bringen. Auf der Zufahrtsstrasse nach Damaskus fuhr vor uns ein Tiertransporter, der Soldat am Schlagbaum winkte ihn durch. Er hielt trotzdem an, der Fahrer ging nach hinten, nahm drei lebende Hühner von der Ladefläche und schenkte sie den Soldaten im Wachhaus. All das ist viel zu wenig, um es als Korruption bezeichnen zu können. Es ist die simple Wertschätzung der Bevölkerung für ihre Armee.

## 8) Kritik an der Regierung

Bashar al-Assad, die Regierung, die Armee werden von allen geschätzt und geliebt. Trotzdem kann keine Rede davon sein, dass es keine Kritik am Präsidenten und an der Regierung gibt. Im Jahr 1994 kam Basil al-Assad, der älteste Sohn von Hafez al-Assad, bei einem Autounfall ums Leben. Viele, die meisten, mit denen wir gesprochen haben, sind überzeugt, dass er von den Zionisten ermordet wurde. Tatsächlich ist ein Mord höchstwahrscheinlich. Dass ein erfahrener Kampfpilot und Offizier so unvorsichtig ist, seinen Wagen gegen einen Betonpfeiler zu fahren, tönt wirklich mehr als abenteuerlich, vor allem, wenn man bedenkt, dass Basil als Nachfolger von Hafez aufgebaut worden war. Bashar al-Assad, ein Augenarzt, trat also sein Amt als Präsident völlig unvorbereitet an. Er öffnete Syrien gegenüber dem Westen und er öffnete die Grenze gegenüber der Türkei. Dies brachte dem Land einerseits einen kurzfristigen Wohlstand, andererseits aber auch eine überbordende Korruption, von der alle sagen, unter Hafez al-Assad habe es das so, in diesem Ausmass, nicht gegeben.

Ein weiteres Resultat dieser Politik der Öffnung war die Einbindung Syriens in die Globalisierung, das heisst Privatisierungen und ein Auseinanderdriften der Bevölkerung in Arm und Reich. Diese Kritik wurde jedoch vor 2011 von der Regierung zur Kenntnis genommen und diese Massnahmen wurden schrittweise wieder korrigiert.

Mit dem Beginn der Angriffe im Jahr 2011 wurde diese Kritik jedoch hinfällig. Wir haben tatsächlich keine einzige Person gesprochen, welche die Regierung oder den Präsidenten weghaben wollte. Allen ist klar, dass gegenwärtig die Stabilität gewahrt oder wiederhergestellt werden muss. Aussagen wie: „Seht euch an, was aus Libyen und dem Irak geworden ist, soweit werden wir es hier nicht kommen lassen!“ haben wir von den verschiedensten Menschen und unabhängig voneinander immer wieder gehört.

**9) Sie werden zu Euch zurückkehren!**

Viel von dem, was Bashar al-Assad sagt, wird später im Volk zitiert. So auch die folgende, sinngemässe Aussage von ihm: Terroristen aus über 100 Ländern versuchen im Auftrag des Imperialismus, Syrien zu zerstören. Die syrische Armee bekämpft diese Banden, aber sie wird niemals alle von ihnen töten oder gefangen nehmen können. Viele von ihnen werden also flüchten und Syrien wieder verlassen. Wohin werden sie wohl gehen? Es ist damit zu rechnen, dass sie dahin gehen, woher sie gekommen sind. Also kann auch Europa damit rechnen, dass in nicht allzu ferner Zukunft eine Anzahl entmenschlichter Bestien zurückkehren wird. Wie wird Europa mit diesem Problem umgehen? Indem noch mehr Kriege gegen noch mehr unschuldige Völker geführt werden?

**10) Entmenschlichte Bestien**

Auf der Strasse nach Aleppo finden wir zerstörte, zerbombte Dörfer. Uns wird erzählt, dass die Einwohner eines dieser Dörfer nach der Bombardierung in ihr Dorf zurückgekehrt sind und mit dem Wiederaufbau begonnen haben. Die Banden des IS haben das mitgekriegt und das Dorf erneut überfallen. 70 Menschen hätten sie geköpft und die Köpfe am Strassenrand aufgereiht, wird uns berichtet. Die Armee bewacht nun die Strasse zu diesem und zu anderen Dörfern, der Aufbau ist wieder im Gang.

**11) Israel**

Der von Israel besetzte Golan ist ebenso wie Iskanderun (von der Türkei besetzt) ein Dauerthema. Weder das eine noch das andere Gebiet hat die syrische Regierung aufgegeben, sie beharrt völlig zu Recht darauf, dass diese Gebiete legitimer Teil des syrischen Staates sind. Iskanderun ist höchst gefährlich, weil über diese Region Todesschwadronen und Waffen nach Syrien eingeschleust werden. Mit den Golan Höhen verhält es sich nicht anders: Von verschiedenen Seiten haben wir gehört, dass verletzte Kämpfer der Todesschwadronen über den Golan nach Israel gebracht werden, um dort gepflegt

zu werden. Über denselben Weg kommen Kämpfer und Waffen wieder nach Syrien hinein. Immer wieder provoziert Israel Syrien auch durch Militärschläge. Syrien jedoch lässt sich nicht provozieren, bisher wurde geflissentlich vermieden, Israel direkt militärisch anzugreifen. Umgekehrt jedoch funktioniert das nicht: Drei Tage, bevor wir in Aleppo ankamen, schlug in einem Verkehrskreisel eine Rakete ein, durch puren Zufall gab es keine Opfer. Die Terroristen verfügen nicht über solche Waffen, der Angriff kann also nur von den USA oder von Israel gekommen sein. Syrien hat niemals sogenannte „normale“ Beziehungen mit dem Zionistenstaat aufgenommen. Dies mit gutem Grund: Bis zum heutigen Tag weigert sich jede israelische Regierung hartnäckig, die besetzten Golan Höhen zu räumen, so wie es u.a. die UNO Resolution 456 bestimmt.[12]
Es würde den Rahmen dieses Beitrages bei weitem sprengen, wollten wir all die Ungeheuerlichkeiten erwähnen, die Israel täglich gegenüber dem palästinensischen Volk begeht. Syrien gehört zu den wenigen Ländern weltweit, welche ungebrochen solidarisch mit der palästinensischen Sache und mit dem Volk Palästinas sind. Dies hat die westliche Welt Syrien nie verziehen und dies ist ein bestimmt nicht unwichtiger Grund, weshalb die syrische Regierung dermassen diffamiert und angegriffen wird.

Israel gibt seine Politik des Landraubes und der Vertreibung nicht auf. Forcierter illegaler Siedlungsbau und erneute Vertreibungen führen zu immer neuen Flüchtlingswellen, von denen die Nachbarländer, vor allem auch Syrien, betroffen sind. Die syrische Flüchtlingspolitik, nicht nur gegenüber den vertriebenen Palästinensern, ist vorbildlich. Yarmuk ist ein eigentlicher Stadtteil in Damaskus und kann keinesfalls als Flüchtlingslager bezeichnet werden. Wir haben Yarmuk nicht auf dieser Reise, sondern bei anderer Gelegenheit besucht und

12 New York, (SANA), The UN General Assembly Tuesday, once again, adopted a resolution demanding the Israeli occupation to withdraw from the whole occupied Syrian Golan to the line of June 4th, 1967, according to the UN security council relevant resolutions, stressing that the Israeli continued occupation of the Syrian Golan and annexing it is an obstacle in front of the achievement of a just, comprehensive peace in the region. https://unispal.un.org/DPA/DPR/unispal.nsf/85255db800470aa485255d8b004e349a/fbac21a56733dffe8025646000460aef (Zugriff März 2018)

haben nichts gesehen, was auch nur ansatzweise an die eingezäunten und kasernenartigen Flüchtlingslager in Europa erinnert. Wir haben einen normalen Stadtteil gesehen, mit Schulen, Moscheen, Märkten und Strassencafés. Die Bevölkerung von Yarmuk ist der übrigen Bevölkerung Syriens in allen Belangen, ausser dem Stimm- und Wahlrecht, gleichgestellt. All das ist den Zionisten natürlich ein Dorn im Auge. Ebenso wie die Welt seit 1948 die Augen vor den Verbrechen Israels verschliesst, erfährt man auch heute kaum, dass sich Israel an den Angriffen gegen Syrien beteiligt.

**12) Yarmuk, Palästina**

Am südlichen Stadtrand von Damaskus befindet sich das palästinensische Flüchtlingslager Yarmuk. Wir kennen Yarmuk von einer früheren Reise nach Syrien, diesmal hatten wir keine Gelegenheit zu einem Besuch. Der Begriff „Flüchtlingslager“ täuscht. Yarmuk ist ein integrierter Stadtteil von Damaskus mit Wohnhäusern, Schulen, Cafés, Märkten, Moscheen, mit allem, was zu einem Damaszener Viertel dazugehört.

Jede syrische Regierung stand immer loyal und solidarisch zur palästinensischen Sache. Insbesondere die Hamas genoss in Yarmuk Freiheiten wie sie keine andere Partei oder Bewegung genoss. Im Nachhinein muss konstatiert werden, dass dies ein Fehler war: Sehr rasch schlug sich die Hamas auf die Seite der Terroristen und die Menschen in Yarmuk wurden – wie die Menschen an anderen Orten auch – von den Terroristen als Geiseln genommen. Inzwischen ist Yarmuk befreit, obwohl uns gesagt wurde, dass im Geheimen noch die eine oder andere Zelle der Terrorbanden existieren mag.

Demgegenüber stehen palästinensische Milizen, die überall im Land gemeinsam mit der syrischen Armee, den Kräften der Hisbollah und der russischen Armee Syrien verteidigen. Oft hat diese loyale Haltung auch schlicht mit Dankbarkeit zu tun. Ein Palästinenser sagte uns: „Seit 1948 gibt der syrische Staat meiner Familie Schutz und unsren Kindern Ausbildung. Was wäre ich für ein Mensch, wenn ich diesen Staat jetzt in den Zeiten der Not verraten würde?“

## 13) Hoffnung

Der Wiederaufbau ist überall im Gang. Projekte für die Zukunft werden lanciert. Zum Beispiel haben wir mit einem Ingenieur gesprochen, der schon seit langer Zeit Solarenergie-Projekte vorantreibt. Vor kurzem ist das erste Schulhaus mit Solarplatten ausgestattet worden. Die Regierung hat auf Druck der Mieterinnen und Mieter ein neues Gesetz erlassen: Mieten dürfen generell nicht mehr erhöht werden, dies hat Gültigkeit, solange die Krise andauert. Überall bemüht man sich, Kinder von der Strasse zu holen und sie zur Schule zu schicken, die allgemeine Schulpflicht soll durchgesetzt werden, so wie das früher war. Nachbarschaftshilfe braucht nicht organisiert zu werden, das ist ohnehin eine Selbstverständlichkeit. All dies und noch viel mehr macht Hoffnung. Es braucht wenig, sehr wenig, um das Leiden und den Krieg in Syrien zu beenden. Die NATO-Staaten, die USA und Israel, mit einem Wort alle, die vom syrischen Volk und von der syrischen Regierung nicht ausdrücklich eingeladen sind, sollen aus dem Land verschwinden. Die Unterstützung der Terrorbanden durch Europa und die USA über Strohmänner wie Saudi-Arabien und Qatar muss aufhören. Die Türkei und Israel müssen mit den Angriffen gegen Syrien aufhören und das gestohlene Land des Golan und von Iskanderun zurückgeben. Es liegt an uns, bei unseren Regierungen, diese Forderungen zu stellen und sie durchzusetzen.

## 14) Zerstörung contra Kreativität

1.500 ArbeiterInnen waren in der Weberei Olabi Tex beschäftigt. Die Olabi Tex in al-Waha war die grösste Textilfabrik nicht nur in Syrien, sondern in der gesamten Region. Während der Besatzung 2013 bis 2014 durch die Terroristen wurde die Fabrik weitgehend zerstört, die Maschinen wurden gestohlen, abtransportiert und in die Türkei verkauft. 1.500 Familien verloren auf einen Schlag ihre Existenzgrundlage. Der Schaden belief sich auf über 10 Millionen SYP (damals war das eine weitaus grössere Summe als heute, weil das Syrische Pfund noch sehr viel mehr wert war). Die Terroristen kamen aus Idlib. Chaleb al-Alewi, der ehemalige Direktor der Fabrik und bis heute Mitglied des Parlaments in Damaskus, meint, es könne sein, dass der Angriff seinetwegen erfolgt sei.

Er habe sich nämlich geweigert, sein Mandat als Parlamentarier aufzugeben, als der IS ihn dazu aufgefordert habe. Die Fabrik wurde 2013 zerstört, seither haben er und mit ihm 1.500 Familien keine Existenzgrundlage mehr. Aber, sagt al-Alewi, verglichen mit anderen gehe es ihm gut. In Damaskus besitzt er eine Wohnung, seine Frau sei Beamtin und mit dem Einkommen seiner Frau und den Mieteinnahmen der Wohnung in Damaskus kämen sie durch. Andere haben nicht so viel Glück. Was von den Räumlichkeiten der Fabrik übrig geblieben ist, stellt al-Alewi deshalb für die oben erwähnte Volksküche zur Verfügung und auch er selbst arbeitet in dieser Volksküche mit.
Die innersyrische NGO Oasis betreibt – gemeinsam mit den Nonnen von Mar Yakub – diese Volksküche. Dies ist einigermassen typisch, das treffen wir immer wieder an: Auf das sinnlose Zerstörungswerk der Terroristen folgen sofort Kreativität, Konstruktivität und Aufbau, wobei alle Mitglieder der Gesellschaft tatkräftig mithelfen.
Die ehemalige Textilfabrik Olabi steht übrigens noch immer im syrischen business directory, wenn auch mit ungültigen oder veralteten Adressen.[13]

[13] http://www.syriayp.com/company/540418/Olabi_Tex (Zugriff Dezember 2016)

# VII
# Politische Einschätzung der Lage in Syrien

**(Ende 2016/Anfang 2017)**
Wenn wir die politische Lage in Syrien heute realistisch beurteilen wollen, stehen wir vor einem relativ neuen Phänomen: Es ist schwierig, nahezu unmöglich, an die für eine seriöse Analyse notwendigen Fakten zu kommen. Was die offiziellen Mainstream Medien zum Thema berichten, darf getrost als Kriegspropaganda abgebucht werden. Fast alle europäischen Länder, auch sogenannte „neutrale" Länder, wie die Schweiz oder Österreich, alle NATO-Mitglieder, die USA und Israel befinden sich mit Syrien in einem erklärten oder unerklärten Krieg.
Objektive Berichterstattung ist aus diesen Ländern nicht zu erwarten. Leider gilt dies auch für die sogenannte oppositionelle Presse. Bis auf ganz wenige Nischenprodukte wird auch dort die Mär vom blutigen Diktator von Damaskus reproduziert, die linke Presse entpuppt sich als linker Arm des Imperialismus. Uns fällt auf: Wenn die Rede auf Syrien, insbesondere auf Präsident al-Assad, kommt, schlägt uns eine Dämonisierung entgegen, die nicht anders als pathologisch genannt werden kann. Eine nüchterne Analyse beruhend auf Tatsachen vor Ort und auf den regionalen und den geopolitischen Gegebenheiten wird kaum gemacht. Zu einer nüchternen Analyse gehört ein Abwägen der Plus- und der Minuspunkte der Regierung von Damaskus.
Weiter oben haben wir gesehen, dass sich die Syrisch Arabische Republik in einem permanenten Kriegszustand befindet. Wir haben aber auch gesehen, dass Syrien diese Kriege von aussen aufgezwungen werden. Die Regierung unter Bashar al-Assad hat im Jahr 2011 den Ausnahmezustand aufgehoben. Dies war eine der vielen Reformmassnahmen, mit welchen Bashar al-Assad Aufsehen erregte. Diese und andere Schritte der Regierung, wie zum Beispiel die Öffnung gegenüber dem Westen und der Türkei, Öffnung des syrischen Marktes für westliche Konsumgüter und anderes mehr nahmen eigentlich viele der Forderungen des sogenannten „Arabischen Frühlings" vorweg.

Dieser „Arabische Frühling“ ist bis heute nicht gebührend analysiert worden, schon gar nicht, was die Ereignisse in Syrien betrifft. Hier wird kolportiert, diese Ereignisse seien eskaliert, nachdem die Armee in Da'ra auf friedliche Demonstranten geschossen und Kinder inhaftiert und gefoltert habe. Nicht nur diese Sichtweise, welche die Schuld einseitig auf die Armee schiebt, ist höchst umstritten. Hussein, der Kommandant der Garnison von Baniyas, nahe Tartous, schildert uns seine Sicht: Begonnen hätten die Ereignisse nicht in Da'ra, sondern in Baniyas. In Baniyas leben Alewiten, Schiiten, Sunniten und Christen zusammen, wobei die Alewiten in der Mehrheit sind. Niemals in der Vergangenheit war das ein Problem.

2011 wurde ein Mitglied der alewitischen Gemeinde bestialisch ermordet, fanatisierte Sunniten bekannten sich zu der Tat. In der Folge drohten Ausschreitungen gegen die sunnitische Minderheit. Die Armee reagierte sofort und besetzte Baniyas, um diese Ausschreitungen zu verhindern. Unter der Leitung des Gouverneurs Adnan Iskander, mit dem wir ebenfalls sprechen konnten, wurde eine Mediationsgruppe gegründet. Es gelang, der alewitischen Mehrheit klarzumachen, dass diese Ermordung eine Provokation war. Keinesfalls dürften dafür alle Sunniten verantwortlich gemacht werden. Dank dieser Mediation blieb Baniyas ruhig und schon nach kurzer Zeit konnte die Armee wieder abziehen.

Dieses Ereignis von Baniyas aus dem Jahr 2011 ist exemplarisch für die Politik der syrischen Regierung bis zum heutigen Tag: Sie versucht zu deeskalieren, die Einheit Syriens zu wahren und das Volk unter allen Umständen vor der Gewalt der Terrorbanden zu schützen. Diese Politik ist glaubhaft: Wäre sie es nicht, könnte sich die Regierung, könnte sich der Präsident Bashar al-Assad unmöglich halten. Dafür brauchen wir keine Nahost-Experten, dafür brauchen wir auch nicht nach Syrien zu reisen, dafür genügt uns simple Logik: Die Golfstaaten sind gegen diese Regierung, die USA sind gegen diese Regierung, der Westen, die NATO sind gegen diese Regierung, Israel ist gegen diese Regierung. Wäre nun auch noch das syrische Volk gegen diese Regierung, sie könnte sich keine zwei Wochen mehr im Amt halten.

Sicher – die Regierung Syriens hat Fehler gemacht, das ist nur normal, welche Regierung dieser Welt macht keine Fehler? Die beinahe unkontrollierte Öffnung der syrischen Märkte zählt sicherlich ebenso zu diesen Fehlern wie die Öffnung der Grenzen gegenüber der Türkei. Dies rächt sich heute auf fürchterliche Weise.

Wenn wir jedoch Bilanz ziehen, dann müssen wir fairerweise sagen, dass die positiven Errungenschaften bei weitem überwiegen; so gut wie alle Staaten Europas, die ihre Beziehungen zu Syrien abgebrochen haben, könnten vom syrischen Staat einiges lernen: Die Bildung ist in Syrien nach wie vor umsonst – von der Kindergartenstufe bis zum Universitätsanschluß. Die Gesundheitsversorgung ist auch jetzt noch, in den Jahren des Krieges und unter den erschwerten Bedingungen des Embargos für alle umsonst. Der Brotpreis wird nach wie vor vom Staat subventioniert und stabil gehalten. Die Mieten wurden per Dekret der Regierung eingefroren. Mittlerweile sind in Syrien auch Privatschulen und Privatkrankenhäuser zugelassen, diese müssen natürlich bezahlt werden. Innenpolitisch gibt die syrische Regierung eher weniger Anlass zu Kritik als dies bei anderen, auch und gerade westlichen Regierungen der Fall ist.

Wie aber sieht es aussenpolitisch aus? Wie im ersten Teil unseres Berichtes dargelegt wurde, ist die syrische Aussenpolitik nach wie vor von der Idee der arabischen Einheit geprägt. Die von der UNO anerkannten und völlig legitimen Ansprüche Syriens auf die Golan Höhen (seit 1967 von Israel besetzt) hat Syrien ebenso wenig aufgegeben wie den Anspruch auf die von der Türkei sogenannte Hatay-Ebene nördlich von Aleppo. (Heute zur Türkei gehörend, 1920 durch den Vertrag von San Remo illegal durch Frankreich von Syrien abgetrennt). Diese Ansprüche vertritt Syrien jedoch politisch, zu keinem Zeitpunkt griff eine syrische Regierung zu militärischen Mitteln, um diese Ziele durchzusetzen. Allen Provokationen Israels, der NATO-Staaten und der USA zum Trotz – Syrien liess sich nicht provozieren. Vor allem Russland steht aktuell Syrien auch militärisch zur Seite.

Wir machen uns keine Illusionen: Dies geschieht nicht nur aus Solidarität mit dem angegriffenen syrischen Volk, sondern hat auch

mit handfesten geopolitischen Interessen zu tun. Der letzte Mittelmeerhafen, zu dem die russische Marine noch Zugang hat, befindet sich in Syrien, in Tartous. Eine Öl- und Gaspipeline sollte von Qatar und Saudi Arabien quer durch Syrien und die Türkei Europa mit billigem Gas und Öl beliefern. Syrien hat dieses Projekt auch im Interesse Russlands abgelehnt. Als Resultat dieser eigenständigen und selbstbewussten Politik wird Syrien nunmehr seit dem Jahr 2011 angegriffen – erst verdeckt durch vom Westen via Saudi Arabien und Qatar finanzierte Terrorbanden, seit Kurzem aber auch völlig offen durch die US-amerikanische und die türkische Luftwaffe. Diese Angriffe verletzen internationales Recht: Es sind Angriffskriege, analog zu vielen anderen imperialistischen Angriffskriegen in jüngerer Vergangenheit. Erwähnt seien Afghanistan, Somalia, Jugoslawien, Irak, Libyen – die Liste liesse sich fortsetzen. Gewiss: Die Lage in Syrien präsentiert sich komplex und unübersichtlich: al-Nusra Front, ISIS, al-Qaida, Freie Syrische Armee, USA, NATO, kurdische Milizen, Rebellen, Terroristen, wer soll da noch durchblicken? Diese Komplexität ist natürlich beabsichtigt. Die Menschen vor Ort lösen diesen gordischen Knoten mit einem einfachen Satz auf: „Diese Gruppen greifen das syrische Volk und die syrischen Institutionen an, das sind Terroristen!“ Damit wird nicht über Gebühr vereinfacht, sondern damit wird eine Situation beschrieben, wie sie die Menschen im Kriegsgebiet realistisch in ihrem Alltag erleben.
Interessant auch, dass diese Menschen die syrische Armee, Russland, Iran und die Kräfte der Hisbollah nicht als Angreifer, sondern als Befreier erleben. Dass die Situation in Syrien komplex sein soll, erleben wir tatsächlich nur hier, in Diskussionen mit westlichen Menschen, in den westlichen Medien, durch westliche „Nahostexperten“, aber auch durch hier lebende und hier korrumpierte Menschen aus dem arabischen Raum. In Syrien selbst ist die Botschaft, die wir bekommen, eine höchst einfache: “Stoppt die Unterstützung der Terroristen in jeder Form, beendet das Embargo, mehr wollen wir nicht“. Diese Botschaft hörten wir von den verschiedensten Menschen unabhängig voneinander immer wieder.

Dazu kommt der bereits erwähnte Aspekt des internationalen Völkerrechts. Die bewaffneten Kräfte von Russland, Iran und der Hisbollah wurden von der Regierung Syriens zur Unterstützung im Kampf gegen die Terroristen gerufen. Das ist legitim. Die USA, Frankreich, die Türkei und die bewaffneten Terroristen aus unzähligen Ländern kämpfen illegal in Syrien. Sie führen einen Angriffskrieg und damit verletzen sie internationales Völkerrecht. Ein Frieden in Syrien ist machbar: Stopp jeglicher Unterstützung der bewaffneten Banden! Der Mythos einer „gemässigten Opposition“ ist längst als Lüge entlarvt. Eine Opposition, die bewaffnet gegen das Volk und die Regierung vorgeht, ist keine Opposition, das sind eben bewaffnete Kämpfer, und die Menschen vor Ort in Syrien nennen sie Terroristen. Auch das ist legitim.

Wenn in London eine U-Bahn oder in in Frankreich ein Konzertlokal angegriffen werden, dann nennen auch wir diese Mörder „Terroristen“ und nicht „Freiheitskämpfer“ oder „Rebellen“. Warum soll das in Syrien anders sein? Es sind Terroristen, die nicht gegen die Armee oder gegen die Regierung kämpfen, sondern gegen das syrische Volk. Ein Frieden in Syrien kann mit einer einfachen Parole hergestellt werden: Hände weg von Syrien!

Ein Frieden in Syrien sei nur ohne al-Assad möglich, behaupten Obama, Hollande, Merkel und wie die Exponenten der westlichen Oligarchien alle heissen mögen. Man mag sich die Empörung gar nicht vorstellen, wenn das Gegenteil passieren würde und Präsident al-Assad zum Beispiel Merkel zum Rücktritt auffordern würde. Die Arroganz der westlichen Machthaber hingegen wird als etwas völlig Selbstverständliches hingenommen. Seit den Tagen von Sykes-Picot scheint die europäische Politik wenig dazugelernt zu haben. Wie Syrien regiert werden soll, ob das mit oder ohne Bashar al-Assad geschehen soll, das zu entscheiden ist alleinige Sache des syrischen Volkes. Wenn das endlich von den westlichen Machthabern begriffen wird, wenn die westlichen Völker ihre Herrscher endlich dazu zwingen, den Dauerkrieg Europas zu stoppen, dann wird es Frieden geben. Nicht nur in Syrien, sondern überall!

# VIII
# Ein Jahr später

*Im Oktober 2016 reisten wir für zwei Wochen nach Syrien. Wir besuchten verschiedene Projekte von innersyrischen NGOs, unter anderem auch im damals noch umkämpften Aleppo. Niemand ausser den Nonnen des Klosters Mar Yakub, die wir auf einer ihrer Lebensmittel- Verteilungsaktionen begleiteten, wagten sich in dieses Gebiet. Nach unserer Rückkehr versuchten wir, unsere Eindrücke, Erlebnisse und Schlussfolgerungen an die Öffentlichkeit zu bringen. Dies erwies sich als ein äusserst schwieriges Unterfangen. Radio- und TV-Stationen lehnten uns ab oder sie beantworteten unser Angebot gar nicht, desgleichen die Print Medien. Es gab von unserer Reise vom Jahr 2016 drei offizielle Veröffentlichungen.*[14] *Daneben ist auf verschiedenen Webseiten, Blogs und Newsletters unser damaliger Reisebericht „Mythos und Realität – Ein Lokalaugenschein im Kriegsland Syrien" erschienen.*
*Bei den drei offiziellen Publikationen handelt es sich um Nischenprodukte in der deutschsprachigen Medienlandschaft. Die grossen Stationen und Verlagshäuser boykottieren Stimmen wie die unseren konsequent. Nichts, was einen guten Eindruck zu Syrien vermittelt soll durchsickern. Gleichwohl ist es uns gelungen, eine kleine Öffentlichkeit zu erreichen. Dies vor allem durch Veranstaltungen, zu denen wir zum Teil eingeladen wurden, oder die wir zum Teil auch selber organisiert haben. Dabei ist uns aufgefallen, dass unsere Schilderungen, bei denen wir uns immer an überprüfbare Tatsachen halten, und unsere Schlussfolgerungen, bei denen wir uns auf langjährige politische Analysen stützen, auf ein reges Interesse stossen. Wir meinen, dieses Interesse kommt nicht daher, weil wir so gut*

[14] Einmal im Printmedium Zeitpunkt: https://www.zeitpunkt.ch/index.php/news/artikel-einzelansicht/artikel/syrien-ist-ein-guter-platz-auch-jetzt-waehrend-des-krieges.htm (Zugriff Februar 2018), einmal in einer privaten TV Station: http://www.alpenparlament.tv/mediathek/gesellschaft-wirtschaft-politik/422-syrien (Zugriff Februar 2018) und dann noch in der Zeitung der Schweizerischen Friedensbewegung „Unsere Welt", also allesamt „Nischenprodukte", jenseits vom Mainstream.

*sind – die anderen Medien sind so schlecht, dass die Menschen nach alternativen Informationen suchen.*
*Wir haben nach unserer Rückkehr unsere Kontakte zu den Menschen in Syrien weiter gepflegt. Dies führte dazu, dass wir – exakt ein Jahr später – wieder reisten.*

*Unser ursprünglicher Plan war, dieselbe Reise zu wiederholen, mit denselben Menschen zu sprechen, dieselben Projekte zu besuchen, um so berichten zu können, in welche Richtung sich die Dinge entwickeln. Dies ist uns nur zum Teil gelungen. Noch immer ist Syrien ein angegriffenes Land und noch immer muss sehr viel improvisiert werden. Dies trotz der Tatsache, dass sich das Land in diesem einen Jahr enorm verändert hat: Menschen kehren zurück in ihre Dörfer und Häuser, sie kehren aus dem Ausland zurück ins Land; in den Alltag ist eine spürbare Normalität zurückgekehrt und man stelle sich vor: Es gibt wieder 24 Stunden am Tag Strom! Die Währung, das syrische Pfund stabilisiert sich und in Damaskus herrscht auf allen Märkten ein reges Treiben. All diese positiven Entwicklungen sind natürlich vor allem den Fortschritten geschuldet, welche die syrische Armee gemeinsam mit ihren Verbündeten gegen die Bedrohung von aussen macht. (Weiter unten davon mehr). Hier also unser Bericht von unserer Reise nach Syrien im Jahr 2017. Wie schon im vorherigen Reisebericht verpflichten wir uns auch hier den Menschen in Syrien: Wir berichten ausschliesslich, was sie uns erzählen. Jede gemachte Aussage ist überprüfbar, jede These stellen wir zur Diskussion. Hier kommen originäre Meinungen und Stimmen syrischer Menschen zu Wort, die sonst in den westlichen Medien nicht oder kaum gehört werden.*

## Zurück in Syrien Oktober 2017

Wieder führte uns unsere Reise zuerst nach Beirut und von dort nach Damaskus. Anders jedoch als vor einem Jahr klappte es mit dem Taxi Service von Mar Yakub nicht, d.h. nach langem Warten und einigen Telefonaten organisierten wir ein eigenes Taxi und fuhren direkt nach Damaskus zu Ghassans Familie.

In Damaskus trafen wir[15] uns mit Schwester Joseph-Marie wieder im Restaurant Beit Yasmin in der Altstadt von Damaskus. Dieses Zusammentreffen war leider sehr kurz und so verabredeten wir uns für einen oder zwei Tage später. Abends gingen wir auf einen Besuch zu Cousins, Brüdern und anderen nahen und fernen Verwandten von Ghassan. Ein Neffe arbeitete lange Zeit als Arzt in Göttingen, Deutschland, ein anderer, ein Ingenieur, hatte viele Jahre in Kanada verbracht und war nun glücklich zurück in Syrien.

Vor 10 Jahren ist er nach Syrien zurückgekehrt, weil es damals den Anschein hatte, das Land nähme einen enormen wirtschaftlichen Aufschwung. Dieser Aufschwung wurde – wie wir wissen – durch den von aussen hereingetragenen Krieg und durch das Embargo einstweilen gestoppt. Gleichwohl oder vielleicht gerade deswegen bleibt er im Land. Diese beiden übersetzten für uns auch die vielen Gespräche dieses Abends, denn Ghassan und Henriette, welche sonst für uns übersetzen, waren beide nicht zugegen. Zwei der vielen Geschichten, die wir an diesem Abend hörten, seien hier kurz berichtet:

## Als Arzt in Deir ez-Zor

Als wir Michel fragten, ob wir mit ihm ein Gespräch über seine Dienstzeit in Deir ez-Zor führen durften, stimmte er nach einer Bedenkzeit zu. Das Gespräch fand am 3. Oktober 2017 im Kreis seiner Familie statt.[16]

Michel leistete als Arzt seinen Militärdienst in der syrischen Armee ab und wurde danach, wie alle anderen auch, zur Reserve eingeteilt.

---

15 Wir, das sind: Eva Heizmann, Lümkea Ashhab, Henriette Koller, Ghassan Ashhab und Markus Heizmann

16 Michel besteht auf Anonymität. Sein Name und seine Anschrift sind der Redaktion bekannt.

Als die Krise auf ihrem Höhepunkt war, wurde er erneut eingezogen und leistete, auch wieder als Arzt, Dienst in Deir ez-Zor , mit dem Unterschied, dass es sich diesmal um einen Einsatz in einem heissen Kriegsgebiet handelte. Als uns Michel von seinen Erlebnissen in Deir ez-Zor erzählte, konnte uns das nicht unberührt lassen. Wir respektieren seinen Wunsch nach einer Veröffentlichung, wir respektieren jedoch auch seinen Wunsch nach Anonymität. Michel hat seine Erlebnisse keinesfalls verarbeitet. Er befindet sich seit einem Jahr in einer Traumatherapie und arbeitet – noch immer in seinem angestammten Beruf als orthopädischer Chirurg – in einem Militärkrankenhaus in Damaskus.

**Hier ist seine Geschichte:**
„Angehörige der Armee kamen zu mir in die Wohnung und teilten mir mit, dass ich als Arzt der Reserve erneut Dienst in der Armee tun müsse. Sofort nachdem ich eingerückt war, wurde ich nach Deir ez-Zor verlegt. Diese Verlegung geschah auf dem Luftweg, denn Deir ez-Zor war damals (von den Söldnern des ISIS) umzingelt und unter Belagerung. In der Stadt selbst befand sich eine Einheit der syrischen Armee. Deren Auftrag war es, die Stadt und deren Bewohner gegen den ISIS zu verteidigen. Das nächstgelegene Gebiet unter Kontrolle der syrischen Armee war 400 km entfernt.

Heute (3. Okt. 2017) ist die Region teilweise befreit.

Die Versorgungslage in der Stadt war prekär. Es gab keine Nahrungsmittel. Sie wurden per Fallschirm abgeworfen. Wasser gab es alle 10 Tage. Die syrische Luftwaffe warf in Abständen Lebensmittel ab. Immer wieder wurden diese Versorgungsflugzeuge beschossen. Dadurch gab es Engpässe, wir hatten oft zu wenig Wasser, zu wenig Lebensmittel und zu wenig Medikamente. Wir hatten weder Elektrizität noch Telefon und im Winter auch kein Heizöl oder Gas. Die Menschen behalfen sich damit, dass sie alles mögliche, auch

Türrahmen, verheizten. Die Fenster des Krankenhauses, in dem ich arbeitete, waren samt und sonders kaputt, du kannst dir vorstellen, was für Probleme wir im Winter hatten.

Die Patienten waren syrische Zivilisten und Armeeangehörige. Mitglieder des ISIS bekam ich nur als Leichen zu sehen. Es gab nur wenige Syrer unter diesen Leichen. Diese Söldner kamen aus allen möglichen Ländern: Belgien, Frankreich, Deutschland, England, Holland, den ehemaligen Sowjetrepubliken, den Golfstaaten, einfach von überall her. Syrer waren Mitläufer, wegen Geld oder vor allem aus Angst. Meist hat der ISIS sie gezwungen, indem ihre Familien als Geiseln genommen wurden. Gehirnwäsche und die Droge Captagon spielen auch eine Rolle. Die Ausländer waren die Führer, die Syrer Mitläufer.

Die Leichen der ISIS-Leute haben wir entweder begraben oder dann ausgetauscht. Sie waren nur an den Leichen der Kader oder der ausländischen Kämpfer interessiert, für die Leichen von Syrern interessierten sie sich nicht. Wir tauschten die Leichen für Garantien aus, zum Beispiel für die Garantie, unsere Versorgungsflugzeuge nicht zu beschiessen. Meiner Meinung nach legten sie Wert darauf, die Leichen der ausländischen Kämpfer zurückzubekommen, weil sie nicht wollten, dass klar wird, wie viele fremde Söldner in Syrien kämpfen.

ISIS ist eine Söldnertruppe ohne jegliche Moral. Sie werden von den USA unterstützt. Der Beweis, den ich dafür habe: Während meiner Zeit in Deir ez-Zor wurde die syrische Armee zweimal, jeweils während einer Stunde, von der US-Luftwaffe schwer angegriffen. Dadurch wurde entweder ein Vormarsch des ISIS ermöglicht oder ein Vormarsch der syrischen Armee verhindert. Später dann haben wir in den Nachrichten gehört, dass die USA erklärt haben, bei diesen Angriffen habe es sich um „Irrtümer“ gehandelt. Das kann niemand glauben, die US-Luftwaffe hat genug Technologie, um zu erkennen, wen sie angreift.

Die ISIS-Kämpfer stehen, wenn sie im Kampf sind, unter Drogen, bekannt ist Captagon. Das erklärt einerseits ihre unmenschliche Brutalität und andererseits ihre Unempfindlichkeit gegen Schmerzen.

In den drei Jahren, in denen ich in Deir ez-Zor war, sind ca. 2.000 syrische Armeeangehörige gefallen, demgegenüber stehen ca. 6.000 tote ISIS-Kämpfer.

Durchschnittlich feuerte der ISIS 20 bis 25 Mörsergranaten pro Woche auf die Zivilbevölkerung. Der Weg zum Flughafen, sowie zwei bis drei Quartiere der Stadt waren fest in der Hand der Armee. Die Bewaffnung der Armee bestand aus 3 Panzern, RPGs (panzerbrechende Raketen), Kalaschnikows und anderer leichter Bewaffnung. Das Krankenhaus, in dem ich arbeitete, lag nur ca. 300 m vom den Stellungen der ISIS entfernt. Immer wieder, zu allen Tages- und Nachtzeiten wurden wir mit Mörsergranaten und durch Scharfschützen beschossen. Auch das Personal des Krankenhauses – obwohl deutlich als medizinisches Personal erkennbar – wurde beschossen, verletzt und zum Teil getötet. Zwei Ärzte sind getötet worden. Es arbeitete ausschliesslich männliches Personal im Krankenhaus.

Während meiner Zeit in diesem Krankenhaus lagen dort immer 50 bis 60 Patienten in Behandlung. Dies bedeutete 7 bis 10 Operationen täglich. Ein 20-Stunden-Tag war für uns Ärzte keine Seltenheit. Ich war der einzige Unfallarzt mit Spezialgebiet Orthopädie dort. Es gab noch zwei Allgemeinmediziner, einen Anästhesisten, einen Neurochirurgen und einen Kieferchirurgen.

Die Narkosemittel waren knapp. Es kam vor, dass sie während einer Operation nicht ausreichten, und wir mussten trotzdem weiter operieren.

Leider muss auch gesagt werden, dass es – wenn auch sehr selten – auch innerhalb der Streitkräfte Korruption gab. Die Lebensmittel, welche die Luftwaffe mit Fallschirmen abwarf, wurden in seltenen Einzelfällen vom Geheimdienst zu überteuerten Preisen verkauft. Ich erinnere mich, dass ein Sack Reis, der in Damaskus 300 Syrische Pfund kostete, in Deir ez-Zor für 5.000 Pfund verkauft wurde.

Die Piloten der syrischen Luftwaffe leisteten wirklich Grossartiges. Ich erinnere mich, dass wir nachts auf dem Flughafen von Deir ez-Zor landeten. Die Landepiste durfte wegen eines möglichen Beschusses durch den ISIS nicht beleuchtet werden. Während des Anfluges wurden lediglich am Ende der Piste zwei kurze Lichtsignale gegeben. Trotzdem landete der Pilot seine Maschine sicher.

Die drei Jahre, die ich in Deir ez-Zor verbracht habe, lasten noch heute schwer auf mir. Sie sind auch eine Erfahrung. Seit ich im Militärkrankenhaus in Damaskus arbeite, befinde ich mich in einer Traumatherapie. Diese Möglichkeit bietet mir der syrische Staat und dafür bin ich dankbar.

Wenn ich einen Wunsch an euch aus dem Westen äussern darf, dann diesen: Leistet einen Beitrag dazu, dass die Menschen in euren Ländern vom Leiden des syrischen Volkes erfahren und dagegen ihre Stimmen erheben.

Die syrische Armee hat nicht nur in Deir ez-Zor , sondern überall im Land einen ganz enormen Widerstandskampf gegen die bewaffneten Banden geleistet. Doch besonders in Deir ez-Zor hat die syrische Armee einen riesigen Widerstand geleistet. Das muss gewürdigt werden. Ich habe ein Angebot bekommen, nach Frankreich zu gehen und dort als Arzt zu arbeiten. Das habe ich abgelehnt! Ich werde in Syrien bleiben!

Die drei Jahre, die ich Deir ez-Zor verbracht habe, haben schwer auf meiner Familie gelastet. Sagen will ich noch: Wir alle stehen hinter Präsident al-Assad. Der Präsident ist stark, Syrien ist stark. Eine breite Mehrheit des syrischen Volkes teilt mit mir diese Meinung. Ein Cousin von mir hat eine Weile in Qatar gearbeitet, jetzt ist er gerne nach Syrien zurückgekehrt. Andere kommen aus Kanada, den USA oder Europa zurück. Das syrische Volk ist stark! Das syrische Volk liebt das Leben!"

## Weitere Ansichten, Einsichten und Berichte

### Zurück aus Kanada

*Samir, ein Ingenieur, hat vor 15 Jahren Syrien verlassen, um sich in Kanada niederzulassen. Vor 10 Jahren, im Jahr 2007 ist er nach Syrien zurückgekehrt. Hier ist die Geschichte, die er uns erzählte:*
„Im Jahr 2007 boomte in Syrien die Technologie-Branche und ich hatte jede Menge Arbeit. Es gab unglaublich viele Investitionen, vor allem aus Europa und aus den Golfstaaten. Plötzlich, nach diesem sogenannten „arabischen Frühling", zogen sich die Investoren zurück und als sie dann sahen, dass wir unsere Projekte auch ohne sie so gut es ging weiterverfolgten, verhängten sie das Embargo über Syrien. Das Geld der Investoren musste natürlich zurückbezahlt werden, das trieb viele Firmen und Einzelpersonen in den Ruin.
Der syrische Staat hingegen ist noch immer schuldenfrei. Wir haben langfristige Verträge, vor allem über Erdgas, Erdöl und im landwirtschaftlichen Bereich mit Russland und anderen Partnern. Es gibt in Syrien grosse Schiefergasvorkommen, die bisher noch nicht ausgebeutet sind.
Die Angriffe der Söldnerbanden haben das Land komplett verändert. Tatsächlich sind es Söldner, von einem Bürgerkrieg kann man in Syrien nicht sprechen, das gab es hier nie.
Viele dieser Söldner haben nicht mal eine Ahnung, wo sie sind. Es gibt welche, die von der Armee gefangen wurden und der Meinung waren, sie seien in Palästina. Es geschehen unglaubliche Dinge. So sind zum Beispiel die meisten dieser Banden mit fabrikneuen Toyotas ausgerüstet, Pick-ups, auf denen auch gleich die Haltevorrichtungen für ihre Waffen montiert sind. Woher kommen diese Fahrzeuge? Woher kommt das Geld, um sie zu kaufen?
Die westlichen Medien haben berichtet, die Krise im Land habe in Da'ra begonnen. Das stimmt nicht. Angefangen hat es im Jahr 2011 in der Küstenstadt Baniyas. Nach einem Mord an einem Alewiten sollten die verschiedenen religiösen und ethnischen Gruppen gegeneinander aufgehetzt werden. Das wurde durch eine Mediation

der Regierung verhindert und Baniyas blieb ruhig. Das ist in Syrien allgemein bekannt.[17]

Ich bin davon überzeugt, dass das Rekrutieren von Söldnern ein Millionengeschäft ist.
Die Gründe, weshalb Syrien angegriffen wurde, liegen für mich klar auf der Hand: Die syrische Regierung sollte zu einer Marionette des Westens gemacht werden. Präsident al-Assad wäre dem Westen recht gewesen, hätte er einen Frieden mit Israel geschlossen und sich von Russland abgewandt. Im Interesse Syriens verweigerte er sich und auf dem Fuss folgten die Angriffe. Dies hatte, davon bin ich überzeugt, nicht das Geringste mit dem arabischen Frühling zu tun. Hätte es diesen „arabischen Frühling" nicht gegeben, dann hätte man ihn erfunden.
Sie haben es geschafft, den wirtschaftlichen Boom in Syrien zum Erliegen zu bringen. Sie haben es geschafft, Teile des Landes und Kulturgüter zu zerstören. Sie haben es auch geschafft, ich habe keine Ahnung wie viele Menschen zu vertreiben und zu töten. Aber sie haben es nicht geschafft, die syrische Gesellschaft zu spalten, das werden sie auch niemals schaffen!"

**Widerstand!**
Unser Eindruck: Auf den ersten Blick hat sich seit einem Jahr einiges verändert, einiges ist jedoch gleich geblieben. In Damaskus selbst ist die Atmosphäre eindeutig gelöster und entspannter als noch vor einem Jahr. Dies, obwohl in der Umgebung der Stadt immer wieder, besonders nachts, Geschosslärm zu hören ist. Die Menschen auf den Strassen und in den Kaffeehäusern scheinen sich daran gewöhnt zu haben; sie schauen kaum mehr hoch, wenn irgendwo in der Ferne eine Granate explodiert. Dabei wurde doch just am Tag unserer Ankunft in der Stadt ein grösserer Anschlag gemeldet. Zwei

[17] Offenbar nur in Syrien. Das gleiche berichtete uns auch der Gouverneur von Baniyas, Adnan Ibrahim im Jahr 2016 und vollkommen unabhängig von Samir. Die beiden kennen sich nicht mal. (Siehe dazu unseren damaligen Bericht zu Baniyas aus dem Jahr 2016) Dies, sowie die erfolgreiche Mediation wird von den westlichen Medien bis heute hartnäckig verschwiegen. Demgegenüber halten die westlichen Medien ebenso hartnäckig an Gerüchten, Mutmassungen und faustdicken Lügen fest. (Fassbomben, Giftgas, institutionalisierte Folter etc.)

Selbstmordattentäter griffen eine Polizeikaserne an, einer von ihnen wurde erschossen, bevor er seine Ladung zünden konnte, der andere hingegen brachte sich und seinen Sprengstoff zur Explosion. 16 Tote und zahlreiche Verletzte waren das Resultat dieses Wahnsinns. Das hat sich auch verändert im Vergleich zum letzten Jahr. Es gab damals noch Fronten in diesem Angriffskrieg. Auf der einen Seite die Banden des IS, der Nusra Front, der FSA, von den Menschen Syriens kurz Terroristen genannt, auf der anderen Seite die syrische Armee. Seit der Befreiung Aleppos sind diese Fronten aufgeweicht. Die Reste der Söldner bewegen sich im ganzen Land und sie terrorisieren die Bevölkerung, wo immer das geht.
Das jedoch kann durchaus mit jeder anderen Grossstadt der Welt verglichen werden. In London ist ein Anschlag ebenso wahrscheinlich und möglich wie in Paris, in Barcelona, in Brüssel oder eben in Damaskus.
Der Unterschied zu den genannten Metropolen ist, dass die Menschen in Damaskus ein Bewusstsein dafür entwickelt haben, woher diese Gewalt kommt. Jeder Taxifahrer dieser Stadt, jeder Kellner und jede Lehrerin analysiert die politische Situation adäquater und scharfsinniger als die selbsternannten Experten und Politwissenschaftler hierzulande. Die breite Mehrheit der Bevölkerung Syriens ist sich darüber im Klaren, dass die Angriffe von aussen kommen und dass es der gesteuerte und bewusste Versuch ist, die Einheit des syrischen Volkes zu spalten und die verschiedenen Ethnien und Religionen gegeneinander aufzuhetzen. Dieser Versuch ist, das kann nach 6 Jahren Angriffskrieg gesagt werden, gescheitert. Seien es Mediationen, sei es das Ministerium für Versöhnung, seien es die selbstverständlichen und alltäglichen Gewohnheiten der Menschen, miteinander so umzugehen, wie sie das seit Jahrhunderten gewohnt sind, all dies sind Belege dafür, dass die Versuche des Westens, der NATO-Staaten und der USA, die syrische Gesellschaft zu spalten, gescheitert sind.
Der Gedanke der Einheit ist im kollektiven Bewusstsein ebenso verankert wie der Gedanke des Widerstandes.

Oder, um es mit den Worten von Samir ausdrücken: „Hier ein Libyen oder einen Irak zu schaffen, dieses Vergnügen werden wir ihnen nicht machen. Wir sind müde vom Krieg, aber dennoch werden sie sich an unserem Widerstand die Zähne ausbeissen“.

**Religion und Alltag**

Die Religion ist omnipräsent in Syrien und Teil der Kultur. Anders als im Westen ist sie völlig in den Alltag integriert. Natürlich ist die syrische Gesellschaft vor allem islamisch, und doch ist Syrien durch und durch multireligiös. Kirchen und Moscheen stehen nebeneinander, die Kirchenglocken hören wir ebenso wie die Rufe des Muezzins von den Minaretten. Synagogen stehen noch, allerdings gibt es nur noch eine kleine jüdische Gemeinde.

Schwester Joseph-Marie, die uns bei ihren *Soers de la Charité* bewirtet, erklärt uns das: Ungefähr ¾ der Menschen im ursprünglich jüdischen Viertel seien nach den USA ausgewandert, weil ihnen dort ein besseres Leben versprochen wurde. Diese Hoffnung hat sich für die wenigsten erfüllt und schon sehr bald wollten die meisten von ihnen wieder nach Damaskus zurückkehren. Von syrischer Seite aus stand dieser Rückkehr nichts im Weg. Sie wurden jedoch von den Zionisten nach Israel gelockt.

Einmal in diesem Land sei es äusserst schwierig bis unmöglich, von dort wieder wegzukommen. Jetzt lebten im jüdischen Viertel kaum noch junge Menschen, die Alten seien geblieben und hätten auch keinerlei Probleme, sondern sie seien in die Gesellschaft integriert wie die Christen, wie die Alewiten, wie die Drusen. Drusen und Alewiten seien nicht abgeschottet, aber keine missionarischen Gemeinschaften. Es sei für Aussenstehende schwieriger, das Wesen dieser Religionen wirklich zu verstehen.

Wir besichtigen am Ende der Geraden Strasse die St. Ananais Kirche, in welcher Saulus, nachdem er sich zum Paulus geläutert hatte, gemäss der Legende getauft wurde.

Paulus ist in der christlichen Gemeinde von Damaskus sehr wichtig, nicht nur in dieser Kirche. Wir haben nebst einigen Strassennamen,

die nach Paulus benannt sind, in diesem Viertel auch eine „Bar St. Paul“ entdeckt. (Mit lateinischen und arabischen Buchstaben geschrieben).
Die *Soers de la Charité* führen eine Schule mit 1.130 SchülerInnen auf Primar- und Sekundarstufe. Christliche, muslimische und drusische Kinder besuchen diese Schule, wobei jedoch die Christen in der Mehrheit sind. Der christliche Religionsunterricht ist den Christen vorbehalten, die anderen bekommen von LehrerInnen ihrer jeweiligen Glaubensgemeinschaft Religionsunterricht. Die Schule ist eine Privatschule, seit dem Krieg werden jedoch die Eltern, welche das Schulgeld nicht bezahlen können, durch Spenden, vor allem aus dem Ausland unterstützt.
Während uns Schwester Joseph-Marie all das erzählt, hören wir von draussen Lärm, Geschrei und auch Schüsse.
Dieser Aufruhr entpuppt sich als ein Freudenfest, die Schüsse als Freudenschüsse in die Luft. Ein Fussballspiel Syriens gegen Australien wurde gerade mit einem 1:1 unentschieden beendet, und Syrien hat Chancen, in der Weltmeisterschaft eine Runde weiterzukommen. Die Menschen feiern das Resultat ihrer Nationalmannschaft genau so ausgelassen wie das in anderen Ländern auch geschieht.[18]
Schwester Joseph-Marie erzählt weiter: Die Schule der *Soers de la Charité* wurde vom ISIS angegriffen. Der Patriarch Gregor Laham sagte darauf, man solle der syrischen Armee die Schlüssel zur Schule geben, als Quartier für die Armee. Die Schule wurde von den Terroristen schwer beschädigt. Bevor die Schule befreit werden konnte, wurde alles, was sich verkaufen lässt, geplündert.
Die Klassenzimmer sind in 12 Container untergebracht. Heute ist wieder normaler Unterricht, sogar ein Theaterraum steht zur Verfügung. All dies zeigt uns, dass das Gerede von einem „religiösen Konflikt“ ein Konstrukt ist. Unserer Meinung nach kann man als emanzipierter Mensch zur Religion stehen wie man will. Die Tatsache jedoch,

18 Nach unserer Rückkehr von Aleppo haben wir erfahren, dass die syrische Mannschaft das Rückspiel in Sydney mit 2:1 verloren hat. Das ist schade, hätte doch Syrien in einer nächsten Runde die USA getroffen... Nach über 6 Jahren Krieg ist es jedoch für Syrien eine beachtliche Leistung, überhaupt ans Qualifikationsspiel für die Fussball WM zu kommen. Dementsprechend gross war auch der Jubel in den Strassen.

dass in Syrien die verschiedenen Religionen nicht neben-, sondern miteinander leben und manche ihrer Feste auch gemeinsam feiern, ist beeindruckend. Die seit Jahrhunderten gelebte Ökumene kann auch der von aussen nach Syrien getragene Krieg nicht zerstören. Vor einem Jahr, als wir in Aleppo die Gelegenheit hatten, Bischof Jeanbart zu besuchen, formulierte es dieser so: „Schon immer haben wir Christen hier mit all den anderen Religionen im Dialog gelebt. Seit wir jedoch von allen Seiten angegriffen werden, ist dieser Zusammenhalt noch gestärkt worden."
ISIS, al-Nusra, al-Qaida und wie sich die Banden sonst noch nennen mögen, führen ihren verbrecherischen Kampf vordergründig im Namen einer Religion, die so gar nicht existiert. Den Menschen in Syrien, welche ihre Religion, welcher Art auch immer, leben und in ihren Alltag integriert haben, ist das sehr wohl bewusst.
Immer wieder hören wir sporadisch Geschützfeuer, der Alltag in Damaskus geht jedoch weiter. Die Menschen sprechen uns auf der Strasse an und sie freuen sich, Touristen zu sehen. „Früher kamen hier viel mehr Touristen, es ist schön, euch zu sehen, willkommen in Syrien!" Die Strassen sind sauber, der Abfall wird täglich entsorgt und auf den Märkten und in den Restaurants und Kaffeehäusern der alten und neuen Stadt ist reger Betrieb.

**Die Kurden (I)**

Die kurdische Frage ist ein Thema, in Europa seit langem, in Syrien seit kurzem. Kurdisch war in Syrien – anders als im Irak – niemals Amtssprache. Anders aber auch als im Irak war das offenbar nie ein Thema. Boulos, mit dem wir sprechen, selber kein Kurde, widerspricht: Es sei falsch gewesen, den Kurden im Norden des Landes nicht die Rechte zu geben, die sie heute mit der Waffe in der Hand verlangen, Kurdisch als Amtssprache, Förderung der kurdischen Kultur, etc.
Michel, ebenfalls bei der Diskussion anwesend, widerspricht: Sowohl unter Hafez al-Assad, als auch unter Bashar al-Assad seien die Kurden gleich behandelt worden wie alle anderen Volksgruppen

im Vielvölkerstaat Syrien auch. Wenn Kurdisch als Amtssprache etabliert werden soll, warum dann nicht auch Aramäisch? Warum nicht die Dialekte der Drusen oder Altsyrisch, welches auch noch in einigen Gegenden gesprochen wird, zu Amtssprachen erklären? Ich sage dazu meine Meinung:
„Die Rechte, für welche die Kurden heute so vehement kämpfen, gleichen den Bemühungen des ISIS, einen eigenen Staat gründen zu wollen. Niemand will das wirklich und niemand kann das wirklich ernst nehmen, ausser vielleicht denen, die das initiiert haben und das sind dieselben Kreise: nämlich die USA, die Öl-Oligarchien als deren Vasallen, die NATO-Staaten und Israel. Wäre es der kurdischen Führung ernst damit, nur das Beste für ihr Volk zu wollen, dann müssten sie nicht die Waffen niederlegen, aber sie müssten diese Waffen gemeinsam mit der syrischen Armee gegen die Angreifer, also gegen die NATO, gegen USA und gegen die von ihnen bezahlten Banden richten. Stattdessen haben sie zugelassen, dass die USA mittlerweile 8 Militärbasen[19] auf syrischem Gebiet errichtet haben und mit ihrer geballten Militärmacht, auch mit international geächteten Waffen wie Phosphorbomben gegen das syrische Volk kämpfen. Damit disqualifiziert sich jede kurdische Bewegung, die nach „Unabhängigkeit“, „Demokratie“, „Menschenrechten“ und wer weiss was sonst noch schreit, selbst. Sich in einem angegriffenen Land so zu verhalten wie es die Kurden zur Zeit tun, ist nicht revolutionär, sondern reaktionär und verräterisch.“
Michel übersetzt für Boulos, meine in Englisch geäusserten Argumente ins Arabische. Dieser hört aufmerksam zu, nimmt noch einen tiefen Zug aus seiner Wasserpfeife und schweigt.

## Carla Del Ponte

Carla Del Ponte hat ihren Rücktritt von der UNO-Unterkommission u.a. so begründet: *„Alle in Syrien sind böse.“* Ferner hat diese Frau behauptet, *in Syrien sei alles zerstört, es gäbe keine Schulen mehr, keine Institutionen, nichts.*

[19] Heute (Frühjahr 2018) ist die Zahl der US Basen und Stützpunkte in den sogenannten „kurdischen“ Gebieten auf syrischem Staatsgebiet auf über 20 angestiegen.

In Gegensatz zu Frau Del Ponte waren wir 2016, 2017 und 2018 in Syrien. Wir haben dort lustige, fleissige, faule, vom Krieg traumatisierte, tapfere, ängstliche, zarte, standhafte, kluge, weniger kluge Menschen getroffen. Niemand von ihnen war böse. Wir haben funktionierende Institutionen erlebt, von der Zollabfertigung bei der Einreise, über die Abfallentsorgung bis zu den Schulen, zu denen Schülerinnen und Schüler morgens in ihren blauen Schuluniformen eilen. Carla Del Ponte möchte gerne Präsident al-Assad und die Verantwortlichen aus der syrischen Regierung vor ein internationales Kriegstribunal stellen. Wir haben noch nie von ihr gehört, dass sie mit einigen Präsidenten der USA oder der NATO-Staaten Ähnliches vorgehabt hätte. Auch die zahllosen Kriegsverbrechen Israels interessieren die Chefanklägerin offensichtlich nicht.
Dafür beklagt sie sich lautstark darüber, dass die syrische Regierung sich bis heute weigert, sie und ihresgleichen ins Land zu lassen. Dabei vergisst sie regelmässig zu erwähnen, dass die syrische Regierung jede Institution der UNO in Syrien arbeiten lässt. Nicht aber irgendwelche UNO- Unterkommissionen, die einzig zu dem Zweck, Syrien zu schaden, gegründet wurden und die ausserdem überhaupt keine Handlungsbefugnis haben. Kommt dazu, dass diese „Kommission" ausschliesslich aus Feinden Syriens zusammengesetzt ist, die offen Völkerrecht verletzen. Das einzige, was Frau Del Ponte und ihre Unterkommission tun können, haben sie reichlich getan: Syrien nach Kräften diffamieren, verleumden und in den Schmutz ziehen. Carla del Ponte hat ein Problem: Weder sind in Syrien *„alle böse"*, noch ist alles zerstört. So gut wie alle Institutionen in Syrien funktionieren – manchmal, wie das in Zeiten des Krieges nicht anders zu erwarten ist, weniger gut als in Zeiten des Friedens. Aber sie funktionieren. Millionen syrische Kinder gehen zur Schule. Wir können das bezeugen. Carla Del Ponte kann das nicht – wie auch? Sie war ja noch nie in Syrien. Carla Del Ponte behauptet, *es gäbe ausreichend Beweise, dass al-Assad Giftgas eingesetzt habe.* Warum, so fragen wir Carla Del Ponte in einem Brief an sie, präsentiert sie diese *„Beweise"* denn nicht? Entweder lügt Frau Del Ponte ganz

bewusst oder sie verbreitet diese Unwahrheiten über Syrien im Interesse der Feinde Syriens aus Unwissenheit. Das Eine ist für eine Chefanklägerin so schlimm wie das Andere.
Sich zurückzuziehen war ein kluger Entscheid von Carla Del Ponte. Noch klüger von ihr wäre es allerdings, jetzt endlich zu schweigen.

**Das Kloster**
Genauso wie im letzten Jahr besuchten wir auch dieses Jahr wieder Mar Yakub, allerdings unter völlig anderen Voraussetzungen. Wir hatten ja nun erstmal einige Tage in Damaskus verbracht und waren nicht – wie eigentlich vorgesehen – von den Leuten des Mar Yakub in Beirut abgeholt worden. Dass dies nicht geklappt hat, ist eine andere Geschichte und einer Reihe von Missverständnissen geschuldet, die schlussendlich darin gipfelten, dass wir uns ein Taxi nahmen und nach Damaskus zu Ghassans Familie fuhren.
Eine Woche später wurden wir dann aber in Damaskus abgeholt und es klappte doch noch mit unserer Fahrt ins Kloster.
Zwei Autos waren nötig, denn sechs Personen reisten nach Mar Yakub: Eva, Henriette, Laura, Rasmije, Ghassan und Markus.

Die Eindrücke, die wir vor einem Jahr gewonnen hatten, sind nun anders, viel gelöster, wie überhaupt das Leben in Syrien in den befreiten Zonen allgemein entspannter ist. Als erstes fällt auf, dass in den Innenräumen des Klosters sehr viele Renovations- und Erneuerungsarbeiten geleistet werden. Dann natürlich die Freude der Mönche und Nonnen, uns wiederzusehen und die Frage nach unseren weiteren Plänen. Mother Agnes ist nicht anwesend, wir haben mit ihr gesprochen, sie ist während der Zeit unseres Besuches im noch immer umkämpften Deir ez-Zor.
Wenn möglich möchten wir, wenigstens ein Teil von uns, gerne nach Aleppo reisen. Laura und Rasmije möchten lieber im Kloster bleiben. Die Sicherheitslage ist gut, also steht unserem Ansinnen nichts mehr im Weg. Basel und Ahmed fahren uns und ausserdem entschliessen sich noch Pater Daniel und Bruder David, am nächsten Morgen früh mit uns mit zu fahren.

**Nach Aleppo**

Die Strasse nach Aleppo kennen wir zum Teil. Zum Teil ist sie tatsächlich kaum mehr wiederzuerkennen. Wie letztes Jahr mussten wir die Autobahn Homs – Aleppo wegen der Sicherheitslage östlich umfahren. Wo die Durchfahrt vor einen Jahr nur unter erschwerten Bedingungen oder gar nicht möglich war, geht heute alles flüssig. Natürlich sind an den wichtigen Punkten noch immer Kontrollposten, die sich aber sichtlich bemühen, den Verkehr so wenig wie möglich aufzuhalten.

Im Auto entpuppt sich Pater Daniel als ein Mensch, der von sich selbst behauptet, „von Politik keine Ahnung zu haben“, was gelinde gesagt eine Untertreibung ist. Er amüsiert uns unterwegs mit seinen Geschichten, wie er kirchliche und nicht-kirchliche Kreise – so hofft er wenigstens – beschämt, indem er ihnen zu Syrien einfach die Wahrheit sagt und den Fragen der Reporter mit scharfem Wortwitz entgegen tritt. So wurde er zum Beispiel von einem Journalisten gefragt, ob er ein Freund al-Assads sei. Hier Daniels Antwort, die uns alle zum Lachen brachte: *„Wenn ich dagegen bin, dass das belgische Parlament aufgelöst wird und durch ein Parlament ersetzt wird, welches dem belgischen Volk von aussen aufgezwungen wird, wenn ich dagegen bin, dass Belgien in einem Angriffskrieg zerbombt wird, wenn ich dagegen bin, dass der Premierminister Belgiens, Charles Michel, ermordet wird, bin ich dann ein Freund von Michel?“*

Diese und andere Anekdoten verkürzten uns die Fahrt nach Aleppo. Unterwegs sahen wir zum Teil grüne Felder, weil die von den Banden zerstörten Wasserleitungen an einigen Stellen instandgesetzt worden sind, zum Teil aber auch dürres Brachland, wo dies noch nicht geschehen ist. Die Gegend westlich vor Aleppo ist die Kornkammer, nicht nur für Syrien, sondern für die gesamte Region. Die lebensnotwendigen Wasserleitungen zu zerstören, wie es die Todesschwadronen getan haben, ist ein Verbrechen und ein weiterer Beweis dafür, dass es sich bei diesen Banden um gekaufte Mörder und nicht um „Rebellen“ handelt.

Schliesslich erreichten wir die Vororte Aleppos, die noch immer heftige Spuren der Zerstörung zeigen. Allerdings muss dazu gesagt werden, dass an manchen Orten auch Bauarbeiten im Gang sind, was natürlich unter den Bedingungen des Embargos kein leichtes Unterfangen ist.
In Aleppo angekommen, suchten wir als erstes das Hotel, welches Henriette von den Bekannten angegeben worden war. Allerdings machten wir uns gleich wieder davon, denn 130 $ pro Nacht und das für 8 Personen (wir sechs und zwei Fahrer) überstieg trotz der angebotenen 5 Sterne dann doch unser Budget.
Wir fanden im Park-Hotel eine günstigere Bleibe. Dort wurde uns erklärt, durch den Krieg hätten viele Hotels schliessen müssen, es sei zur Zeit äusserst schwierig, in Aleppo eine Unterkunft zu finden. Es war zu dunkel und wir waren zu müde, um uns noch weiter umzusehen: Wir checkten uns ein.

**Aleppo**

Gemeinsam fuhren wir heute morgen nach dem Frühstück nach Zentral- bzw. Ost-Aleppo. Zweierlei fällt auf: Erstens die schier unglaubliche Zerstörung der ehemals wunderbaren Altstadt und zweitens der Überlebenswille und der Wille der Menschen zum Wiederaufbau.
„Schier unglaubliche Zerstörung“ fliesst so leicht in die Tasten. Es ist unmöglich, durch die Strassen und Gassen von Aleppos Altstadt zu spazieren, ohne von Gefühlen übermannt zu werden: Trauer, Mitleid, Scham und vor allem Wut. Wut auf diejenigen, welche zulassen, dass solches geschieht, ihre blutigen Hände in Unschuld waschen und der syrischen Regierung die Schuld für ihre Untaten in die Schuhe schieben.
Anti-syrische Studien geben die Opferzahlen für ganz Syrien bei ca. einer halben Million an. Demgegenüber spricht die syrische Regierung im März 2016 noch von 250‘000 bis 300‘000 Opfern. Genaue Zahlen betreffend Aleppo sind ebenso schwankend. Wie auch immer: Der Blutzoll, welchen das syrische Volk zahlen muss,

ist enorm und durch nichts zu rechtfertigen. Das ist ein gigantisches Verbrechen gegen die Menschheit, begangen von den USA, den europäischen Mächten, Israel und deren Bodentruppen, den bezahlten und instrumentalisierten Banden.
Die Zerstörung, die wir im Jahr 2017 sehen können, ist furchtbar, tritt aber vor all den Unschuldigen, die der verbrecherischen Politik der USA, der NATO und deren Helfershelfern zum Opfer gefallen sind, in den Hintergrund.
Die Strassen und Gassen sind frei, Schutt ist zur Seite geräumt, teils weggefahren. In einigen dieser Häuser gibt es Leben – kleine Geschäfte, Familien, Frauen, Männer, Kinder. Man mag sich nicht vorstellen, was mit all denen geschehen ist, denen die Flucht vor dem ISIS nicht geglückt ist. Wer die Flucht in den westlichen, von Regierungstruppen beherrschten Teil der Stadt schaffte, konnte sich glücklich schätzen. Oft genug blieben die Menschen Aleppos in dem vom ISIS terrorisierten Osten der Stadt, weil sie nur dadurch verhindern konnten, dass ihre Familien als Geiseln genommen wurden.
Der Überlebenswille der Bevölkerung ist enorm: Da und dort sehen wir Menschen, die am Bauen, am Aufräumen, am Aufbauen sind. Wenig geschieht mit Maschinen, die eigenen Hände und ein weniges an Werkzeug müssen genügen. Einiges ist schon wieder in Betrieb, ein paar kleine Läden haben geöffnet, das Kaffeehaus unter der Zitadelle serviert wieder Tee, Kaffee und Wasserpfeifen, langsam kehrt das Leben zurück.
Keiner der Toten wird jedoch dadurch wieder lebendig und keine einzige Ungerechtigkeit, welche dem syrischen Volk – nicht nur in Aleppo – angetan wurde, wird auch nur ansatzweise zugegeben, geschweige denn gesühnt. Wiedergutmachung? Während im Fall Israels die „Wiedergutmachung“ bis ins sprichwörtliche biblische 7. Glied ohne Ende verlangt wird, unterliegt das syrische Volk nach wie vor einem Embargo, welches durch nichts gerechtfertigt werden kann.

*Belive in Aleppo, 2017*

Was der Terror und die Bomben des ISIS nicht schaffen, soll wohl durch dieses Embargo erreicht werden, nämlich die Destabilisierung und die schlussendliche Zerstörung der syrischen Gesellschaft – doch sie ist stark, diese syrische Gesellschaft! Sieben Jahre Angriffskrieg, sieben Jahre Lügen und sieben Jahre Heuchelei haben es nicht geschafft, Syrien zu zerstören. Aleppo steht exemplarisch für diese Standhaftigkeit gegen Imperialismus und Zionismus. „Wir werden gestärkt aus diesen Trümmern aufstehen", hören wir mehrmals bei unserem Gang durch das zerstörte Aleppo.

Die Zitadelle ist in Renovation, kann aber noch nicht besucht werden. Teile des alten Souk, einem Weltkulturerbe, sind wieder eröffnet. Die grosse Moschee, ebenfalls ein Weltkulturerbe und wie ihre Schwester in Damaskus von den Umayyaden erbaut, wird wieder aufgebaut. Sie können jeden Stein in Aleppo voneinander reissen, die Menschen

werden sie wieder zusammenfügen. Die Toten können nicht wieder lebendig gemacht werden, nicht in Aleppo und nicht anderswo. Der Zerstörung jedoch halten die Menschen in Aleppo ihren Widerstand und ihren Willen zum Aufbau entgegen. Das Projekt der Imperialisten, der Zionisten und der NATO ist gescheitert: Aleppo lebt!
Die Regierung Syriens hat bereits angekündigt, dass Länder, welche die Terroristen in Syrien unterstützen, beim Wiederaufbau in Syrien eben so wenig Aufträge bekommen werden wie diejenigen, welche das Embargo gegen Syrien mitmachen. Kriegsgewinnler wie im Irak oder wie in Libyen wird es demnach in Syrien nicht geben. Firmen aus Russland, Iran, China und aus anderen Ländern, die sich zu Syrien nicht aggressiv verhalten haben, werden diese Aufträge bekommen.

**Die Kurden (II)**

Nach unsrem Gang durch Ost-Aleppo besucht uns in unsrem Hotel Memet, ein Ingenieur und Bekannter von Henriette.
Memet hat den Weg von Afrin nach Aleppo auf sich genommen, einerseits um mit uns zu sprechen, andererseits aber auch, um Geschenke, Medikamente und Geld von Henriette in Empfang zu nehmen. Es liegt auf der Hand, dass wir Memet vor allem zur Situation in den Kurdengebieten befragt haben.
Was er uns erzählte, deckt sich fast 1:1 mit der Propaganda, welche in Europa für die Kurden gemacht wird, mit ein paar kleinen, aber feinen Unterschieden: Bei uns wird vor allem versucht, die Separatisten und ihre Anhänger mit einem „fortschrittlichen" Projekt Kurdistan zu ködern. Bei Memet kann davon keine Rede sein. Er bezeichnet ausgerechnet Barzani als „einen Mann des Volkes".[20] Er hat absolut keine Probleme damit, dass heute auf syrischem Boden US Militärbasen stehen, auch in der Unterstützung durch Israel kann er nichts Schlechtes sehen, all das bringe den Kurden schliesslich die Freiheit. Mittlerweile gebe es auch staatliche kurdische Strukturen,

[20] Masud Barzani ist ein kurdischer Politiker und seit dem 13. Juni 2005 Präsident der "Autonomen Region Kurdistan" im Nordirak. 1979 übernahm er den Vorsitz der Demokratischen Partei Kurdistans (PDK) von seinem Vater Mustafa Barzani.

Schulen, die nur in kurdisch unterrichten würden und all das sei doch gut. Wir fragen ihn, wer all das bezahlen würde und er kann es uns nicht sagen. Zölle und Steuern, vermutet er. Einnahmen aus den Öl- und Gasquellen könnten es auch sein, aber er weiss es nicht. Wir wenden ein, dass Zölle und Steuern wohl kaum genug einbringen können, um einen Staat aufzubauen und zu finanzieren. Öl und Gas seien hingegen das Eigentum des syrischen Staates, ob er es richtig finde, das zu stehlen?

Das weiss er nicht, er sei kein politischer Führer, aber die politischen Führer in Kurdistan fänden das in Ordnung. Er, so erklärt er uns, sei lediglich ein gewöhnlicher kleiner Mensch und er könne gar nichts machen gegen die Politik der grossen Führer. Er findet es gut, dass es jetzt in den Kurdengebieten Schulen gibt, die nur in kurdisch unterrichten, seine Tochter aber schickt er nach Aleppo an die Universität; als wir ihn nach dem Grund fragen, zuckt er mit den Schultern. Viele der Informationen, die uns Memet gibt, hat er vom Hörensagen, anderes weiss er von al-Jazeera.

Wir fragen ihn, was ihnen denn genau fehlt im syrischen Staat? Er antwortet, in den staatlichen syrischen Schulen werde kein Kurdisch unterrichtet, in den neuen kurdischen Privatschulen sei das möglich. Kurden bekämen keine höheren Posten, weder in der Politik noch im Militär.

Warum aber, so fragen wir, habt ihr ausgerechnet jetzt, während Syrien angegriffen wird, mit diesen Protesten, mit diesen militanten Protesten angefangen, warum nicht vor Jahren, als noch alles friedlich war?

Er antwortet, das sei eine Chance für die Kurden. Ein solches Projekt brauche Unterstützung und diese Unterstützung bekämen sie heute von den grossen Ländern und von Israel. Da könne man nicht dagegen sein.

Vor dem Krieg habe es Rassismus der Araber gegen die Kurden gegeben, das hat er allerdings nicht selber erlebt, davon hat er aber gehört.

In ganz Syrien gibt es ungefähr 3 Millionen Kurden und an die 40 Dörfer, die ausschliesslich von Kurden bewohnt sind.
M. war bei der syrischen Regierung in Aleppo angestellt, hat diese Stellung gekündigt und bezieht heute eine Rente vom syrischen Staat. Bei Beginn des Krieges zog er aus Aleppo weg zurück in ein Dorf nahe Afrin nördlich von Aleppo.
Salah Muslim findet er einen guten Führer.[21]
Wir fragen ihn, weshalb wohl Israel so sehr darauf bedacht ist, dass die Kurden all ihre Rechte bekommen, und dies mit Waffengewalt, den Palästinensern jedoch verweigern sie ihre elementarsten Rechte? Er schweigt.
Nach einem Gang durch das zerstörte Ost-Aleppo ist so ein Gespräch eine ziemlich deprimierende Erfahrung. Mit genau dieser Gesinnung, „die Führer da oben machen die Politik und ich kann nichts dagegen tun" wird ein Zerstörungswerk wie wir es gesehen haben überhaupt erst möglich.
Im Westen ist diese Gesinnung „ich kann nichts gegen die da oben tun" weit verbreitet und mithin ein wichtiger Grund dafür, weshalb der Westen seine Kriege ohne nennenswerten Protest aus den eigenen Reihen führen kann.
Genau diese Gesinnung ist gefährlich, weil sie empfänglich für eine Opferrolle und renitent für eine adäquate politische Analyse macht. Ein wenig unabhängiges Denken und eine Prise Logik könnten möglicherweise auf dem steinigen Weg in die wahre Emanzipation weiterhelfen.
Ob nun als „revolutionäres Projekt" oder fatalistisch hingenommen mit Barzani und Salih Muslim als „Männer des Volkes", die kurdische Frage kann nur politisch und nicht militärisch gelöst werden. Militärisch verlieren alle, zuallererst aber die Kurden selbst. Wer im jetzigen Zeitpunkt, da Syrien noch immer von allen Seiten angegriffen wird auf syrischem Boden ein kurdisches Projekt starten

---

21 Salih Muslim (*1951) ist ein syrischer Kurde, der in einem Interview u.a. folgende Ansicht vertritt: (…) Assad lässt die Syrer unterdrücken und töten. Das Regime sollte gestürzt und durch eine demokratische Regierung ersetzt werden. (…)
http://www.dw.com/de/muslim-ohne-die-kurden-ist-eine-l%C3%B6sung-der-syrien-krise-nicht-m%C3%B6glich/a-17363705 (Zugriff Februar 2018)

will, handelt wirklich reaktionär und im Sinn des Imperialismus. Dies arbeitet den Interessen der USA und Israels direkt in die Hände. Wir verabschieden uns höflich von Memet, dem Ingenieur aus Afrin.

**Unversitäts-Krankenhaus Aleppo**

Musa, ein Chirurg des Uni-Krankenhauses von Aleppo, hat uns zu einer Führung durch das wichtigste Krankenhaus Aleppos eingeladen. Daraus wurde leider nichts; der Direktor des Krankenhauses, der Vorgesetzte von Musa, erklärt uns höflich aber bestimmt, das komme nicht in Frage. Die Sicherheitslage erfordere, dass Ausländer sich beim zuständigen Ministerium für eine Führung anmelden. Spontane Führungen, so wie sich das sein Kollege Musa vorstelle, dürften nicht gemacht werden.

Musa begleitet uns nach draussen und vor dem Krankenhaus, welches übrigens schwer bewacht ist, gibt er uns einige Erklärungen: Das Uni-Krankenhaus ist das grösste Krankenhaus Aleppos. Bis vor kurzem gab es ein noch grösseres Spital, dieses wurde aber während der Besatzung Aleppos von den Terroristen fast vollständig zerstört. Der Wiederaufbau ist im Gange, aber noch kann dort niemand behandelt werden, daher konzentriert sich jetzt alles auf das Uni-Krankenhaus. Auch auf dieses Krankenhaus wurden schon mehrere Anschläge verübt, die jedoch keinen allzu grossen Schaden anrichten konnten. Alles wird hier behandelt, sämtliche Operationen werden gemacht, es mangelt zwar durch das Embargo an vielen Medikamenten und Ersatzteilen für medizinisches Gerät, aber er und seine Kolleginnen und Kollegen behelfen sich so gut es geht. Aktuell fehlt es an Bypässen, die wegen des Embargos nicht geliefert werden, aber es handle sich immer wieder um etwas anderes. Wenn es irgendwie gelingt, die Bypässe zu beschaffen, dann fehlt es woanders. Die westlichen Regierungen, die für das Embargo verantwortlich sind, behaupten, dadurch werde die Regierung bestraft. Der Regierung ist das Embargo bestimmt nicht egal, aber sie leidet nicht darunter: Es ist das Volk, welches darunter leidet. Abgesehen davon kann er uns sagen, dass im Uni-Krankenhaus von Aleppo Spitzenmedizin angeboten

wird. Er erzählt uns, dass er früher als Praktikant in Düsseldorf gearbeitet habe. Weiter meint er, falls er selbst einmal eine Operation nötig haben sollte, dann wolle er sich dieser auf jeden Fall in Syrien unterziehen, nicht in Deutschland. Das ganze Gesundheitssystem sei hier einfach besser. Früher sei ein Austausch mit westlichen Gesundheitsinstitutionen noch die Regel gewesen. Das sei es auch heute noch, aber eben nicht mehr mit den westlichen Ländern. So habe er auf seiner Station zwei junge Praktikanten, einen aus Russland und einen aus dem Iran.
Auch bedingt durch das Embargo müssten nun lebensnotwendige Geräte und Medikamente in Russland, China, Indien oder anderen Ländern, die sich dem Embargo nicht angeschlossen haben, besorgt werden. Das sei in Ordnung, aber leider müsse er dazu sagen, dass gerade bei den Geräten die Qualität oft nicht so gut sei wie bei den Geräten aus dem Westen.
Ein wichtiger Aspekt in der Gesundheitsversorgung in Syrien sei die Tatsache, dass nach wie vor alles umsonst sei. Wir fragen nach, ob wirklich alles kostenlos sei und er zögert mit der Antwort keine Sekunde: Alles, was in Syrien zu haben ist, das ist für die Patienten auch umsonst. Nun könne es natürlich sein, dass ein Patient dringend ein Teil benötige, welches nicht vorhanden sei, zum Beispiel eine Prothese oder eben einen Bypass. Wenn nun der Patient dieses Teil selber besorge, dann ginge die Behandlung natürlich schneller, als wenn er darauf warten müsste. Aber auch hier wieder: Ohne das Embargo gäbe es diese Wartezeiten gar nicht.

Er erzählt uns von seinem Schichtplan: 15 Einheiten zu 24 Stunden arbeitet er. Wobei ein 24- Stunden-Tag natürlich so zu verstehen ist, dass er nach einem normalen Arbeitstag auf Piquet, das heisst auf Abruf, steht und jederzeit wieder in den Operationssaal gerufen werden kann.
Diese Arbeitszeitregelungen haben natürlich mit der verstärkten Frequenz, bedingt durch den Krieg und durch die Zerstörung des anderen Krankenhauses in Aleppo zu tun. Wir fragen nach, wie lange

die Patienten in Pflege bleiben können? Da gäbe es kein Limit, alle blieben solange wie es aus ärztlicher Sicht notwendig sei.
Musa nimmt sich wirklich sehr viel Zeit für uns und er bedauert nochmals, wie sehr es ihm leid tut, dass er uns nicht alles direkt zeigen kann.
Wir bedanken uns bei ihm und wir verabschieden uns. Wir sehen ihm nach, bis er durch die grosse Tür des Krankenhauses verschwunden ist, vorbei an den Wachposten, die ihn freundlich durchwinken. Besucherinnen und Besuchern, welche die Kontrolle passieren, werden die Taschen durchsucht und sie werden mit Metalldetektoren abgetastet. Wir wünschen Musa und seinen Kolleginnen und Kollegen vom Uni-Krankenhaus Aleppo alles Gute und gemeinsam mit ihnen und mit den Patienten des Spitals empören wir uns über das Embargo, welches selbst medizinisches Gerät und Medikamente miteinschliesst. Einmal mehr: Das Embargo ist ein Verbrechen und durch nichts zu rechtfertigen!

**Wasser!**

Durch Aleppo fliesst der Quwaiq, einst ein stolzer Fluss, heute ein spärliches Rinnsal. Von der einstigen Grösse des Quwaiq zeugen die Brücken und die massiven Verbauungen des winzigen Flüsschens.
Warum der Quwaiq wenig, ja fast kein Wasser mehr führt, ist erklärbar: Für diesmal ist nicht die Klimakatastrophe für den Wassermangel verantwortlich, sondern menschliche Politik. Der Quwaiq entspringt in der Türkei, genauer: im südlichen Gaziantep-Plateau im Südosten der Türkei.
Angeblich infolge von Bewässerungsprojekten wurde der Quwaiq schon auf türkischer Seite fast vollständig ausgetrocknet. Dies geschah bereits in den 60iger Jahren, wurde dann aber aufgrund der forcierten Staudamm-Projekte der Türkei noch massiv verstärkt. In unserem Artikel aus dem Jahr 2002 „Wasser als Waffe – Ecevits Schulterschluss mit den Zionisten“ in Risala Nr. 5[22] weisen wir nach, dass die Projekte der Illisu-Staudämme weder einen landwirtschaftli-

[22] Jahrbuch Risala (Nr. 5) TuP-Verlag, Hamburg ISSN 1431-6293

chen noch einen energiepolitischen Nutzen haben. Vielmehr handelt es sich bei den Dämmen um ein erpresserisches Projekt gegenüber den unterhalb der türkischen Wasserläufe gelegenen Nachbarländern Irak und Syrien. Ali, ein Kollege unseres Fahrers, sagt: „Die türkische Regierung hat das Wasser abgestellt."

Diese These wird durch die Tatsache erhärtet, dass westliche Länder, allen voran natürlich die NATO-Staaten aber auch neutrale Staaten wie Österreich und die Schweiz die türkischen Dämme mit allen legalen und scheinlegalen Mitteln fördern.

Tatsächlich bedeutet dies nichts anderes als einen Krieg ohne Waffen, bzw. einen Krieg mit Wasser als Waffe zu führen. Syrien und Irak sind auf das Wasser aus der Türkei angewiesen. Verträge, welche eine gewisse Durchflussmenge garantieren, werden von der türkischen Regierung, je nach politischer Grosswetterlage, eingehalten oder auch nicht. Die direkten Folgen davon können wir am Quwaiq in Aleppo sehen: Nicht genug damit, dass die Bevölkerung Aleppos von den Todesschwadronen eingeschlossen und als Geisel genommen wird, nein, das NATO-Mitglied Türkei muss der Bevölkerung Aleppos auch noch das Wasser künstlich verknappen. Dies allerdings geschieht schon seit längerer Zeit, trotzdem wäre es illusorisch zu glauben, diese längerfristige Politik der Türkei hätte nichts mit dem aktuellen Krieg gegen Syrien zu tun.

## Al-Waha zum Zweiten

Am Morgen nach dem Frühstück verlassen wir Aleppo. Wir fahren dieselbe Strecke zurück und machen unterwegs einen Halt in der Volksküche von al-Waha. Wir haben unterwegs Gelegenheit zu sehen, wie sehr sich das Land seit unserem letzten Besuch vor einem Jahr verändert hat. Weiter oben haben wir schon beschrieben, wie versucht wird, die fast vollständig zerstörten Wasserkanäle wieder in Betrieb zu nehmen. Als Folge davon sehen wir neben dem Brachland viele grüne Felder, auf denen Menschen arbeiten und auch ernten. Die Gegend ist noch weit davon entfernt, zu dem zu werden, was sie vor der Zerstörung durch die Banden war, nämlich die Kornkam-

mer der Region. Gleichwohl ist zu sehen, dass Aufbau und Anbau betrieben werden.
Schliesslich erreichen wir al-Waha. Wir treffen dort unsere alten Freunde und Bekannten wieder, die Küche ist in Funktion und kocht täglich 30‘000 Portionen warmes Essen für die Menschen in der Umgebung. Die Menschen arbeiten mit viel Elan und Solidarität. Im Hof vor der Küche stehen vier voll funktionierende Krankenwagen und ein Container auf einem Sattelschlepper, umgebaut zu einem mobilen Krankenhaus, bereit. Dadurch bekommen 130.000 Menschen eine medizinische Erstversorgung durch Ärzte, die sporadisch freiwillig arbeiten, und durch 5 Krankenschwestern, die immer vor Ort sind. In der Küche selber ist, als wir ankommen, Hochbetrieb. Die Küche arbeitet 24 Stunden am Tag im Schichtbetrieb. Die Frauen, die dort arbeiten, bekommen vom Verein und vom Kloster Mar Yakub einen Lohn von umgerechnet 100 Euro pro Monat. Das ist bescheiden, jedoch schon mehr als eine Aufbesserung, vor allem, da sie ja das Essen für sich und für ihre Familien gratis bekommen. Die Teams sind jetzt eingespielt und alles klappt bestens. Ein Problem ist noch immer die Finanzierung. Wir erfahren, dass das Geld aus unserer Gemeinde Arlesheim ein grosse Hilfe war und den Fortbestand der Küche für eine Periode garantieren konnte. Nun werden andere Donatoren gesucht, solange diese Art Nothilfe eben notwendig ist.
Wir besichtigen die ganze Infrastruktur, das Lebensmittellager, den Rüstraum und die Küche mit den riesigen Töpfen. Einmal mehr sind wir sehr beeindruckt von der enormen Leistung der Helferinnen und Helfer von al-Waha.

**Karitative Hilfe und die Aufgabe des Staates**

Zurück im Kloster Mar Yakub werden wir von allen, vor allem natürlich von Laura und Rasmije, herzlich begrüsst.
Nach dem Nachtessen bittet uns Schwester Claire-Marie, von unseren Erlebnissen in Aleppo zu berichten, was wir auch gerne tun. Ich werde gefragt, was mich am meisten berührt habe, und die Antwort darauf fällt mir schwer, alles war berührend und beeindruckend. Schliesslich

aber berichte ich von den vielen bettelnden Kindern und dass ich der Meinung bin, dass dagegen dringend etwas unternommen werden muss. Als Fremder in Syrien masse ich mir auf keinen Fall an, Ratschläge zu erteilen, aber ich gebe zu bedenken, dass hier, wenn nicht eingegriffen wird, eine grosse Gefahr lauert. Auf den Strassen Syriens wächst so eine Generation ohne Bildung und ohne Moral heran. Die Schwester pflichtet mir bei: Bereits existiere unter den Jugendlichen von grösseren Städten wie Damaskus ein Drogenproblem, das habe es vor dem Krieg nicht gegeben. Die Drogen – die Rede ist von harten, abhängig machenden Drogen – kämen aus der Türkei und aus dem Libanon.
David, der Mönch, der mit uns in Aleppo war, berichtet: Als wir das Uni-Krankenhaus in Aleppo besuchten, war er bei einem befreundeten Franziskanerpater. Dieser hat sein Haus für die verwahrlosten Kinder und Jugendlichen von Aleppo geöffnet, von denen er allerdings auch nur eine beschränkte Anzahl aufnehmen kann. David bezeichnet das als eine vorbildliche Initiative, welche Nachahmer finden müsse.
Ich gebe ihm recht, dass so ein Projekt bestimmt hilfreich ist, allerdings nur als erste Nothilfe. Prinzipiell muss es jedoch die Aufgabe des Staates sein, für die Wohlfahrt seiner Bürgerinnen und Bürger zu sorgen. Dazu gehört die Sozialarbeit ebenso wie die Erziehung oder das Gesundheitswesen. Wenn der Staat diese Bereiche privaten oder karitativen Organisationen überlässt, dann ist er verloren. In den Zeiten des Krieges mag es angehen, dass Klöster, Moscheen oder andere nicht staatliche Institutionen als Nothilfe einspringen. Dann aber muss der Staat wieder übernehmen, der Staat ist verantwortlich für diese Institutionen.
Wenn der Staat an dieser Aufgabe scheitert, dann haben die imperialistischen Mächte, welche Syrien destabilisieren und zerstören wollen, ihr Ziel erreicht. Nothilfe muss also Nothilfe bleiben, die kontinuierliche Erziehungs- und Sozialarbeit muss jedoch auf jeden Fall in staatlicher Hand sein. Pater Daniel, der unserer Diskussion schweigend zugehört hat, gibt mir recht.

## Versöhnung (Interview mit Elia Samman)

*Im Oktober 2017 hatten wir die Ehre, mit Herrn Elia Samman zu sprechen. Herr Samman ist der politische Berater von Herrn Ali Haidar, dem Präsidenten der SSNP (Syrisch Sozialistische Nationale Partei).[23] Dr. Haidar ist ausserdem Minister für nationale Versöhnung. Herr Samman empfing uns in seiner Wohnung in Damaskus. Die SSNP wurde 1932 in Beirut gegründet. Im Jahr 1957 spaltete sich die Partei, seither existieren zwei Parteien mit demselben Namen und demselben Logo. Die Partei spielte öfters eine wichtige Rolle in der Politik der Region. Obwohl die Partei seit den 50ern eine politische Macht war, waren beide Fraktionen der Partei in Syrien bis zum Jahr 2005 verboten. 2005 schloss sich die eine Fraktion der Partei der NPF (Nationale Fortschrittliche Front) an. Die NPF ist eine Koalition verschiedener politischer Parteien unter der Führung der Baath Partei. Die Fraktion, welche von Dr. Haidar präsidiert wird, weigerte sich, der NPF beizutreten und verblieb in der Opposition. So sieht sich die SSNP noch heute als Oppositionspartei, dies vor allem deswegen, weil es zwischen ihr und der Regierung Syriens zu viele politische Differenzen gibt. Die SSNP unterstützt das Projekt eines Grosssyriens, welches das heutige Syrien, den Libanon, Jordanien, Palästina, Irak, die besetzten Gebiete in Palästina, selbstverständlich den Golan und Iskanderun mit einschliesst.*

*Herr Samman, vielen Dank, dass Sie uns empfangen. Der Präsident Ihrer Partei, Dr. Ali Haidar, ist gleichzeitig der Vorsitzende des Ministeriums für nationale Versöhnung. Können Sie uns erklären, wie diese nationale Versöhnung gegründet wurde und wie sie arbeitet?*
Zuerst heisse ich sie herzlich willkommen in Syrien!
Unsere Partei ist nicht zugelassen, aber unser Präsident Ali Haidar ist sogar Minister in der Regierung. Ich meine, das ist ziemlich einzigartig: Wir sind Teil der Regierung und gleichzeitig sind wir Teil

[23] Ali Haidar ist syrischer Politiker und Vorsitzender der Syrischen Sozialen Nationalistischen Partei (SSNP). Er wurde bei der Parlamentswahl in Syrien 2012 zum Mitglied des Syrischen Volksrates gewählt. Seit dem 23. Juni 2012 ist er *Staatsminister für Nationale Versöhnungsangelegenheiten.*

der Opposition. 2011, als die Demonstrationen begannen, waren wir beteiligt. Wir waren Teil dieser Demonstrationen und wir konnten spalterische und fanatische Parolen beobachten. Wir wollten das nicht, das war nicht in unserem Sinn. Schon sehr früh wurde aus diesen Demonstrationen heraus geschossen – auch das wollten wir nicht. Nicht weil wir prinzipiell gegen Gewalt sind, aber wir vertreten die Meinung, dass wir die Regierung politisch, nicht militärisch bekämpfen müssen. Unsere Rolle als Partei der Opposition qualifiziert uns also, einen nationalen Dialog mit anderen oppositionellen Parteien zu führen und diesen Dialog in die Regierung zu tragen.

*Erzählen Sie uns ein wenig mehr über Ihre Partei. Soweit wir verstanden haben, steht Ihre Partei für die Einheit Syriens, diese Einheit soll mit einem Grosssyrien verwirklicht werden. Ist das korrekt?*
Die Einheit Syriens beinhaltet für uns den Libanon, die Regionen der Türkei, welche zu Syrien gehören, Iskanderun ebenso wie die Golan Höhen, selbstverständlich auch Palästina und die besetzen Gebiete, Jordanien und Irak. In all diesen Regionen ist unsere Partei aktiv.

*Wie kam es dazu, dass Ihre Partei jetzt im Ministerium für Versöhnung ist?*
Im Jahr 2012 gab es in Syrien Parlamentswahlen. Die meisten Parteien der Opposition lehnten diese Wahlen ab. Wir taten das nicht, wir riefen auch nicht dazu auf, diese Wahlen zu boykottieren. Vielleicht hat uns die Regierung deswegen als harmlos, oder lassen sie mich sagen, als weniger schlimm eingestuft. Wir haben uns entschieden, uns mit mehreren Kandidaten an der Wahl zu beteiligen, aber selbstverständlich als Oppositionspartei. Wir haben die Wahlen zwar kritisiert, so waren sie zum Beispiel nach unserem Dafürhalten nicht transparent genug, aber wir sahen das als einen guten Anfang. Wir arbeiteten weiter und im Juli 2012 rief uns der ernannte Premierminister Riad Hijab an. Er bot uns an, als Partei in der neuen nationalen Einheitsregierung mitzuarbeiten. Wir hatten danach eine Sitzung und fällten den folgenden Entschluss: Wir werden im neuen Kabinett,

welches auch ein Ministerium für Nationale Versöhnung gegründet hatte, mitarbeiten. Da unsere Partei Mitglieder aller religiösen und ethnischen Gruppen hat und das überall in Syrien, dachten wir, dass wir die Menschen zusammenbringen könnten. Einige Tage später wurde der Präsident unserer Partei zu einem Treffen mit Präsident Bashar al-Assad eingeladen. Präsident al-Assad teilt die Meinung, dass wir eine positive Rolle in diesem Ministerium für Versöhnung spielen können, auch weil wir von einer oppositionellen Sichtweise herkommen. So wurde das Ministerium für Versöhnung – wie es heute existiert – gegründet. Das war im Juli 2012 und Dr. Ali Haidar wurde zum Minister ernannt. Natürlich wird er von unserer Partei unterstützt und ich bin sein persönlicher Berater.

*Welches sind – nebst der Versöhnung – Ihre langfristigen Ziele?*
Wir wollen eine Lösung für alle Menschen in Syrien – für alle ohne Ausnahme. Wir wollen ein neues System, welches allen ihre Grundrechte garantiert. Mehr oder weniger sind dies also die Forderungen der Proteste von 2011, ohne jeden Zweifel waren diese Proteste gerechtfertigt. Wir wollen jedoch unsere Ziele politisch, nicht militärisch erreichen. Am Anfang gab es in der Tat eine Chance, diese Ziele im Rahmen eines politischen Dialoges zu erreichen.

*Weshalb ist das gescheitert?*
Ich würde sagen, beide Seiten tragen einen Teil der Schuld. Ich würde sagen, die Opposition ist zu 75% für das Scheitern verantwortlich und die Regierung zu 25%.

*Ist diese sogenannte "bewaffnete Opposition" eine syrische Angelegenheit oder kommt sie von aussen?*
Das ist eine sehr wichtige Frage. Am Anfang waren es ausschliesslich Syrer. Ob es nun Demonstranten oder Kämpfer waren, es waren Syrer. Zu jener Zeit, wir reden noch immer vom Jahr 2011, gab es auch Berichte, die besagten, die Kämpfer kämen aus dem Ausland – davon habe ich nichts gesehen, was nicht bedeutet, dass diese ausländischen

Kämpfer nicht existieren. Vielleicht gab es sie, ich weiss es nicht. Die Kämpfer, die ich damals kannte, wir reden noch immer über das Jahr 2011 und den Beginn des Jahres 2012, das waren manipulierte junge syrische Menschen. Sie töteten und sie wurden getötet. Auf diesen Demonstrationen haben wir das oft gesagt und es war auch offensichtlich: Sie dachten, sie würden für eine gute Sache kämpfen, aber sie waren manipuliert wie die Bauern auf einem Schachbrett.

*Jetzt schreiben wir das Jahr 2017. In einigen Regionen Syriens wird noch immer gekämpft, auch wenn wir hören, dass die syrische Armee grosse Fortschritte macht. Wie sehen Sie das heute? Besteht die Mehrheit der Kämpfer noch immer aus Syrern?*
Ganz bestimmt nicht! Ab 2012 konnten wir beobachten, wie mehr und mehr fremde Kämpfer ins Land kamen. Kämpfer aus allen Teilen der Erde, die man sich nur vorstellen kann. Wir wurden zu richtigen Internationalisten (lacht). Heute finden wir in der absoluten Mehrheit der Kämpfer kaum noch Syrer. Am Anfang waren alte und junge Menschen gemeinsam auf den Demonstrationen. Einige von ihnen griffen zu den Waffen. Alle von ihnen haben aufgegeben und ihre Waffen niedergelegt, andere haben das Land verlassen.

*Und von da an war es nicht mehr eine innersyrische Angelegenheit?*
Genau! Von allem Anfang an war es ein Stellvertreterkrieg, der sich dann später zu einem echten Angriffskrieg gegen Syrien entwickelt hat. Wir haben eine Gewohnheit hier, nicht nur in Syrien, sondern in der ganzen Region: An Anlässen wie Hochzeiten, sonstigen Feierlichkeiten oder Beerdigungen schiessen die Leute in die Luft, als Zeichen ihrer Freude oder eben als Zeichen ihrer Trauer. In Baba Amr, einer kleinen Stadt nahe Homs leben sehr arme Leute. Viele von ihnen haben keine Arbeit und mit Mühe finden sie genug zu essen für sich und ihre Kinder, eine sehr arme Gegend. 2011 war ich dort bei einer Beerdigung. Ich sah die Leute von Baba Amr und sie schossen Tausende von Magazinen aus ihren Pistolen und Gewehren in die Luft. Ich kriege das nicht aus meinen Kopf raus: Diese Leute

hatten kaum genug zum Überleben, sie wussten kaum, woher sie das Essen für ihre Familien auf den Tisch bringen sollten. Woher kam das Geld für diese enormen Mengen Munition? Irgendjemand hat es ihnen gegeben und niemand gibt die Munition umsonst! Das war 2011. Als Politiker musste ich in Betracht ziehen, dass hier etwas fürchterlich falsch lief. Ich analysierte die Sache und ich kam zum Schluss, dass wir uns schon mitten in einem Stellvertreterkrieg befanden. Es tut mir leid um all diese jungen Männer, aber sie wurden manipuliert. Vielleicht haben sie geglaubt, sie würden für eine gute Sache kämpfen, aber das war nicht so.

*Wenn Sie davon reden, all diese manipulierten jungen Menschen wieder in die Gesellschaft zu integrieren, was müssen wir uns darunter vorstellen?*

Anfangs war das sehr schwierig. Eigentlich geht es nur um Vertrauen, und es gab schlicht kein Vertrauen, nicht auf der Regierungsseite und nicht auf der Gegenseite. Der Einfluss der Medien war fürchterlich, sie spielten eine sehr üble Rolle. 2012 rief Präsident al-Assad die Kämpfer dazu auf, die Waffen niederzulegen und garantierte allen, die dies taten, Amnestie. Am nächsten Tag fanden wir in der westlichen Presse dazu ein Erklärung von Hillary Clinton. Sie wandte sich direkt an die syrischen Kämpfer und sie warnte davor, der syrischen Regierung zu trauen. Sie sagte ihnen, sie müssten unbedingt ihre Waffen behalten, andererseits würden sie von der Regierung getötet. Natürlich kam sowas nicht auf syrischen Sendern, aber CNN, al-Jazeera, al-Arabia und viele andere, die ja in Syrien empfangen werden, brachten das.

Als wir angefangen haben zu arbeiten, nannten wir das lokale Versöhnung. Auch dort musste zuerst Vertrauen aufgebaut werden. Jede Versöhnung beginnt mit einem Waffenstillstand. Das gibt uns Raum für Verhandlungen und es endet – wenn wir erfolgreich sind – mit der Rückkehr und der Re-integration der Kämpfer in die syrische Gesellschaft. Aber der erste Schritt ist immer der Waffenstillstand, gefolgt von Verhandlungen. Was verlangen sie? Ist es für die Regie-

rung möglich, ihnen zu geben, was sie verlangen? Nicht in jedem Fall beharren wir darauf, dass sie ihre Waffen niederlegen. Es ist auch möglich, dass sie ihre Waffen behalten, wenn sie sich verpflichten, diese Waffen nur noch gemeinsam mit den Polizei- oder Armeekräften gegen die Terroristen einzusetzen.
In den meisten Fällen ist Amnestie möglich. Natürlich kann es keine Amnestie für Mörder oder andere, die Blut an ihren Händen haben, geben. Aber das passiert kaum. Es kommt auch vor, dass sich die Kämpfer weigern, die Waffen niederzulegen und dass sie sich auch weigern, mit uns zusammenzuarbeiten. Dann hat die Regierung zwei Optionen: Entweder greift sie die Kämpfer an, mit dem Risiko, dass es viele zivile Opfer gibt. Oder sie gibt den Kämpfern die Möglichkeit, den Ort mit ihren persönlichen Waffen zu verlassen. Die Idee dahinter ist, dass es besser ist, sich morgen mit, sagen wir hundert Terroristen, auseinanderzusetzen, als heute zehntausend Zivilisten in Gefahr zu bringen. Auch hier gab es von Anfang an ein grosses Misstrauen. Sie waren sich nicht sicher, ob wir unser Wort halten würden. Sobald sie jedoch am anderen Ort waren, zum Beispiel in Idlib, sprach sich das herum, und wir hatten es in den zukünftigen Verhandlungen einfacher.
Der ganze Prozess geht in drei Schritten: Erster Schritt sind der Waffenstillstand und die Verhandlungen. In einem zweiten Schritt müssen die Kämpfer das Gebiet verlassen und der dritte Schritt ist schliesslich bei der Regierung. Das bedeutet Wiederaufbau. Die Wasserversorgung muss wieder installiert werden. Schulen müssen wieder aufgebaut werden. Die gesamte Infrastruktur muss wieder instandgesetzt werden und das Leben muss zurückfinden zur Normalität.

*All das stelle ich mir sehr schwierig vor. Haben Sie Mediation oder Ausbildung für Ihre Mitarbeiter?*
Mediation und Feedback machen wir natürlich. Ausbildung haben wir nicht, woher auch? Das ist alles neu für uns, wir tasten uns vor, wir machen unsere Erfahrungen, "learning by doing" könnte man das nennen.

*Was gehört noch zu ihrer Arbeit?*

Es gibt unzählige Formen, zum Beispiel machten wir auch Gefangenenaustausch. Ich erinnere mich an so einen Austausch in Ost-Ghoutha. Beide Seiten wollten ihre Gefangenen zurück, keine Seite traute der anderen. Die einzige Garantie, die ich den Kämpfern geben konnte, war ich selbst. Ich stellte mich also selbst als Geissel zur Verfügung, und sie behielten mich in ihrem Lager, bis der Austausch vollzogen war. Das half, Vertrauen aufzubauen. Es ist nicht einfach, aber Schritt für Schritt bauen wir Vertrauen auf. Es kann sein, dass wir auch mit UNO-Organisationen zusammenarbeiten, das kommt auf die Situation an. Alles, was der Versöhnung dient, ist gut für uns, wir kennen keine Tabus.

*Sind alle Gefangenen, die Sie austauschen, Syrer?*

Ja

*Was geschieht mit den ausländischen Kämpfern?*

Um Ihnen die Wahrheit zu sagen: Das kümmert mich kein bisschen. Die sind in mein Land gekommen, um zu töten und um zu zerstören, sei es, weil sie dafür bezahlt werden oder sei es, weil es religiöse Fanatiker sind. Warum soll ich mich um die kümmern? Unsere Verantwortung ist die nationale Versöhnung. Diejenigen, die diese Banden zu uns geschickt haben, sollen sich um sie kümmern. Sie können sie jederzeit zurück haben. Sie zerstören mein Land, sie töten unsere Leute, unsere Kinder, warum soll ich mich um die kümmern? Ich verschwende keinen zweiten Gedanken an die!

*Eine andere wichtige Frage ist die kurdische Frage. Im Moment sieht es so aus, als seien die Kurden auf der Seite der Feinde Syriens. US-Militärbasen und türkische Truppen befinden sich auf syrischem Gebiet, in den sogenannten Kurdengebieten. Wie ist ihre Einschätzung dazu?*

Ganz bestimmt ist die Kurdenfrage eine Frage, die gelöst werden kann. Die Kurden sind Syrer und ich bin mir absolut sicher, dass die überwiegende Mehrheit der Kurden diese Meinung teilt. Das Gebiet, welches sie für sich als autonome Region beanspruchen, ist viel zu gross, sie werden niemals in der Lage sein, das zu kontrollieren. Ausserdem sind lediglich etwa 40% in diesen sogenannten Kurdengebieten überhaupt Kurden. Andererseits stimmt es aber auch, das die Kurden in der Vergangenheit nicht alle ihnen zustehenden Rechte bekommen haben und das muss geändert werden. So durften sie in der Schule kein Kurdisch unterrichten und allgemein wurde ihre Kultur nicht respektiert. All dies waren Fehler, aber Fehler können korrigiert werden, und ich persönlich bin davon überzeugt, sie werden auch korrigiert. Seit 2011 haben die Kurden im Norden Syriens einen syrischen Pass. Andererseits muss auch gesagt werden, dass die Kurden gegenwärtig gravierende Fehler machen. Ich meine damit ihr Bündnis mit den US-Streitkräften. Merken sie nicht, dass sie missbraucht werden? Wir hoffen, dass sie bald aufwachen und dass sich dann die Situation ein wenig beruhigt und sie zurückkehren als Teil der syrischen Gesellschaft. Ich bin zuversichtlich, dass wir betreffend der Rechte der Kurden zu einer Lösung kommen werden. Das sind Syrer, und wir unterstützen ihren Kampf um Demokratie und um ihre kulturellen Rechte, all dies muss respektiert werden. Die Voraussetzung ist jedoch, dass sie einwilligen, diese Probleme politisch und nicht militärisch zu lösen. Prinzipiell stehen wir hier vor denselben Problemen wie bei allen anderen bewaffneten Gruppen in Syrien. Wir brauchen Mediation und gegenseitiges Vertrauen.

*Wie war das vor der Krise? Wurden da die Rechte der Kurden respektiert oder nicht?*
Um ehrlich zu sein: Weder noch. Kurdische Schulen waren nicht erlaubt, kurdische Kultur war nicht verboten, wurde aber auch nicht gefördert. Als Bürger des syrischen Staates hatten sie dieselben Rechte und Pflichten wie alle anderen syrischen Bürger auch. Wenn sich jedoch jemand diskriminiert fühlt, dann ist das eine ernste Sache und wir müssen uns darum kümmern. Die Regierung tat nichts oder sie tat nicht genug, um das Problem zu lösen, und so wurde es

jetzt wirklich brennend. Ein anderes Problem mit den Kurden ist, dass viele von ihnen gar keine Syrer sind, sie wurden aus der Türkei ausgewiesen und bis 2011 wurden sie von der syrischen Regierung in Ruhe gelassen, obwohl sie keine Papiere hatten.

*All das tönt gut und hoffnungsvoll. Trotzdem frage ich mich, wie die syrische Gesellschaft zur Ruhe kommen soll, solange das Land von aussen angegriffen wird. Zuerst haben wir da natürlich Israel, dann die USA, und die NATO-Staaten. Was, meinen Sie, kann dagegen unternommen werden?*
Ich bin zu 100% mit Ihnen einverstanden, Syrien ist ein angegriffenes Land. Wir wissen von früheren Kämpfern, dass Saudi-Arabien ihnen viel Geld angeboten hat, wenn sie nicht mit uns verhandeln. Mit allen Mitteln wird versucht, die nationale Versöhnung zu sabotieren. Es gibt Fatwas[24] von Imanen in Saudi-Arabien, welche sagen, die Versöhnung sei Sünde. Unser Ministerium für Versöhnung hat Mitarbeiter verloren, die aufgrund dieser Fatwas getötet wurden. Gleichzeitig wird versucht, uns in den westlichen Medien zu dämonisieren. Sie behaupten, wir seien ein Werkzeug in der Hand der Regierung, wir würden ethnische Säuberungen betreiben und ähnliches.

*Können Sie uns schildern, wie die Situation heute in Idlib ist (Oktober 2017)?*
Idlib ist sehr kompliziert. Besonders in den letzten Monaten konnte man sehr leicht die Orientierung verlieren. Idlib war von der Nusra Front und anderen islamischen Gruppen besetzt, in den westlichen Medien werden die "moderate Rebellen" genannt. Bis letzte Woche dachten wir noch, die türkische Armee würde nach Idlib einmarschieren unter dem Vorwand, die Nusra Front zu bekämpfen, die auch in der Türkei als terroristische Organisation gilt. So waren wir doch ein wenig erstaunt, als wir vor ein paar Tagen gehört haben, die Türken hätten ein Abkommen mit der al-Nusra Front geschlossen. Natürlich

[24] Eine Fatwa ist eine von einer muslimischen Autorität auf Anfrage erteilte Rechtsauskunft, die dem Zweck dient, ein religiöses oder rechtliches Problem zu klären, das unter Angehörigen des Islam aufgetreten ist. Besonders in jüngerer Zeit werden Fatwas dazu missbraucht, Gegner des Angriffskrieges gegen Syrien zu verurteilen.

wussten wir immer, dass die türkische Regierung mit diesen Banden zusammenarbeitet, dennoch hat es uns überrascht, dass es nun ein offenes Abkommen zwischen der Türkei und al-Nusra gibt. Türkische Generäle fuhren gemeinsam mit Nusra-Kämpfern und türkischen Journalisten nach Idlib. Das war die Überraschung. Die syrische Armee hat sich nie dafür entschieden, gefangene Terroristen nach Idlib zu schicken. Sie wollten selbst dorthin, weil Idlib so nahe an der türkischen Grenze liegt. Statistiken sagen, das 75% der Kämpfer Idlib kurz nach ihrer Ankunft wieder verlassen und zwar in Richtung Türkei und Europa. Wohin sie sich genau wenden, wissen wir nicht.

*Sie nennen die al-Nusra Front. Ein Oberst der syrischen Armee, mit dem wir sprechen konnten, sagte uns, das seien lediglich Namen: al-Qaida, al-Nusra, FSA, ISIS – diese Organisationen, sagte er, würden für ihn nur dem Namen nach existieren, denn für ihn seien das alles Terroristen. Sind Sie damit einverstanden?*
Vom legalen Standpunkt aus betrachtet ist das korrekt. Diejenigen, welche den Staat, seine Institutionen und das Volk mit der Waffe bekämpfen, sind Kriminelle, Terroristen. Ich für meinen Teil habe diese Definition nie akzeptiert, wenigstens nicht zu Beginn der Ereignisse. Ich weinte, als ich hörte, dass einige dieser Rebellen getötet wurden, einige davon waren meine Freunde. Ich habe mit ihnen diskutiert, ich habe mich mit ihnen gestritten, ich war nicht einverstanden mit ihnen und ich versuchte, sie von unserem Standpunkt zu überzeugen. Das waren keine Terroristen. Die sahen sich selbst als Freiheitskämpfer. All diese Leute aus dem Jahr 2011 nenne ich nicht Terroristen. Später dann, als die Dinge klarer wurden und alle zugeben mussten, dass der bewaffnete Kampf in Syrien nichts mit Freiheit oder Demokratie zu tun hat, da änderten sich die Dinge. Heute würde ich beipflichten, heute sind die Kämpfer alle Terroristen.

*Wie sehen Sie die Perspektiven für die Region im allgemeinen und speziell für Syrien? Was geschieht in den nächsten Jahren?*
Zum ersten Mal seit sieben Jahren sehe ich Licht am Ende des Tun-

nels. Noch vor nicht all zu langer Zeit war ich ziemlich pessimistisch. Es erschien mir, als ob die USA und Israel alles, was sie in Syrien erreichen wollten, erreicht hätten: Die Armee zerstört, die Wirtschaft zerstört und das Wichtigste: Wir müssen unser gesamtes soziales Leben neu definieren. Deswegen hat jetzt Israel mindestens für 15 Jahre Ruhe. Ehrlich gesagt habe ich sogar meine Zweifel, ob 15 Jahre genügen, um uns zu erholen. Das bedeutet, wir brauchen Hilfe. Andererseits ist ISIS zu einer ernsthaften Bedrohung für Europa und auch für die USA geworden.
Ein dritter Punkt ist: Die Saudis haben es satt, Billionen um Billionen an die USA und an die Kämpfer in Syrien zu schicken. Ich denke also, dass es bald zu einem Ende kommt.
Es ist ja nicht so, das wir ein religiöses oder sektiererisches Problem in Syrien haben. Sehen sie sich meine Familie an: Es gibt sowohl Christen als auch Muslime in meiner Familie, und das ist absolut repräsentativ für Syrien. Sehen sie sich die Flüchtlinge in Syrien an: Zehntausende flüchten von Homs nach Tartous oder nach Lattakia. In Homs haben wir eine sunnitische Mehrheit, in Tartous und in Latakia haben wir eine alewitische Mehrheit. Das kümmert niemanden. Die Menschen in Not werden willkommen geheissen. Jetzt reden wir über Religion oder über die Tatsache, dass jemand zu einer bestimmten Ethnie gehört. Das gab es vor den Ereignissen nicht, und das wird auch wieder verschwinden, sobald die Gewalt verschwindet.
Definitiv haben wir jedoch ein grosses Problem mit der neuen Generation. Ich spreche über die jungen Menschen, die im Krieg gross geworden sind und ihr Leben lang nichts anderes als Krieg gesehen haben. Wir haben weder die finanziellen, noch die menschlichen Ressourcen, um dieses Problem zu lösen. Dabei sollte das doch das Hauptziel jeder Versöhnung sein. Viele dieser jungen Menschen haben seit 7 Jahren keine Schule mehr gesehen, sie haben weder Erziehung noch Arbeit, nichts, möglicherweise wissen sie Bescheid, wie man kämpft. Deswegen denke ich, dass wir Hilfe aus Europa brauchen, wir haben keinerlei Erfahrungen in dieser Angelegenheit, wie wissen nicht, wie wir damit umgehen sollen.

*Bei allem Respekt: Wie kommen Sie darauf, dass Europa helfen soll? Europa gehört im Rahmen der NATO und gemeinsam mit Israel und den USA zu den schlimmsten Feinden Syriens. Sogar die sogenannten "neutralen" Staaten Europas tragen das Embargo gegen Syrien mit.*
Oh, Ich habe keineswegs an die europäischen Regierungen gedacht, ich denke an die Menschen Europas und an all die kleinen NGOs. Ich weiss genau, was von grossen NGOs zu halten ist, ich weiss aber auch, dass wir mit kleinen NGOs, gemeinsam mit innersyrischen NGOs zu Resultaten kommen können. Ich weiss, es gibt NGOs, die sich nicht ausbeuten lassen.

*Können Sie sie benennen?*
Nun, ich werde keine Namen nennen, ich weiss aber, dass es sie gibt. Natürlich stimme ich mit Ihnen überein, wenn Sie uns vor den NGOs warnen, besonders vor den grossen. Ich spreche jedoch nicht über die Organisationen mit Millionen von Dollars im Budget. Ich meine die kleinen, fast schon privaten Organisationen, ich meine dort ist ein grosses Potential.
Ich weiss genau, was wir von den grossen und gekauften Organisationen zu halten haben, ich erwähne nur die Weisshelme, die sind ein Desaster. Gleich am nächsten Tag nach der Befreiung von Aleppo bin ich hingefahren, und ich habe die Leute nach den Weisshelmen befragt. Alle, unabhängig voneinander gaben mir dieselben Antworten: Nach den Bombardierungen kamen die Weisshelme. Zuerst gruben sie nach Gold, Schmuck und Geld, um es zu stehlen. Dann filmten sie die Zerstörung und die Verletzten, dann erst begannen sie, sich um die Verletzten zu kümmern. Ich war überrascht. Wohl wusste ich, dass die Weisshelme ihre Videos zu Propaganda-Zwecken missbrauchten, aber dass sie in erster Linie gekommen waren, um zu stehlen, war auch für mich eine Überraschung. Als erstes suchten sie nach Gold, Schmuck und Geld, alle mit denen ich gesprochen habe, haben das bestätigt. Dass eine solche Organisation für den Friedensnobelpreis nominiert wird und den alternativen Friedensnobelpreis gewinnt, ist unglaublich.

*Sind die Weisshelme eine syrische Organisation oder kommen sie aus dem Ausland?*
Es ist bekannt, dass die Weisshelme in England gegründet wurden. Sie haben mit dem syrischen Volk nichts zu tun.

*Kümmert sich das Ministerium für Versöhnung auch um Flüchtlinge?*
Es ist eine Tatsache, dass wir diesbezüglich viele Probleme haben. Die Quelle dieser Probleme sind hauptsächlich die Regierungen des Libanon und Jordaniens. Fast täglich hört man sie jammern, wie schwierig es für sie sei, sich um all diese Flüchtlinge zu kümmern. Tatsächlich machen sie jedoch ein Vermögen mit ihnen. Die Organisationen der UN geben diesen Regierungen Geld für die Flüchtlinge. Über 70% dieser Gelder kommen niemals an. Unser Ministerium engagiert sich sehr in dieser Frage, besonders im Libanon, weil unsere Partei dort sehr stark und gut verankert ist.
Das Ministerium gibt all jenen, die zurückkehren wollen, Garantien für ihre Sicherheit. Natürlich kontrollieren wir die Namen von denen, die zurückkehren wollen, wir wollen verhindern, dass neue Terroristen ins Land kommen. Selbstverständlich ist es möglich, ihnen Amnestie zu gewähren, unter den Bedingungen, die ich bereits erklärt habe, es kommt auf den individuellen Fall an.
Falls eine Amnestie nicht in Frage kommt, informieren wir die betreffende Person. Dies bedeutet, die fragliche Person weiss, dass sie verhaftet wird, falls sie zurückkommt. Ich muss jedoch auch erwähnen, dass wir lediglich 3 oder 4 solcher Fälle pro Jahr haben. Die Prozentrate derer, welche von der Amnestie profitieren, liegt bei 99,9%. Sogar diejenigen, welche das Land illegal verlassen haben, kommen in den Genuss der Amnestie. Die diesbezüglichen Anordnungen der Regierung an die Grenzbehörden sind klar. Die Flüchtlinge, welche zurückkehren, werden an der Grenze mit Bussen abgeholt. Wenn ihre Häuser noch stehen, werden sie dorthin zurückgebracht. Wenn ihre Häuser zerstört sind, stellt ihnen die Regierung eine zwischenzeitliche Unterkunft zur Verfügung, bis sich eine Lösung für sie findet.

*Dies sind die Flüchtlinge in den Nachbarländern. Was ist mit denen, die sich entschlossen haben, nach Europa zu fliehen?*
Wir haben dasselbe Prozedere für alle. Wir kommen nicht an alle Flüchtlinge in Europa heran, das macht es schwierig. Der Minister für Versöhnung darf, ebenso wie ich, in kein einziges europäisches Land einreisen. Wir haben jedoch Kontakt zu Tausenden von Syrern in Europa, die zurückkehren wollen, und da können wir natürlich aktiv werden.

*Wir wissen auch, dass in Europa vor allen andern gut ausgebildete Spezialisten willkommen geheissen werden. Ihre Ausbildung wurde von der syrischen Regierung und vom syrischen Volk bezahlt und die europäischen Länder profitieren nun davon.*
Ja, es ist ein grosses Verbrechen gegen das syrische Volk, alle Türen für Akademiker und andere gut ausgebildete Menschen zu öffnen. Genau diese Leute brauchen wir beim Wiederaufbau in Syrien. Ihr wollt Flüchtlinge in Europa? Fein! Holt sie aus den Flüchtlingslagern in der Türkei, im Libanon und in Jordanien, die brauchen eure Hilfe! Aber niemand kümmert sich um sie. In meiner kleinen Fabrik habe ich allein 18 junge Menschen verloren, weil sie nach Europa wollten. Das ist mittlerweile ein grosses Problem für die syrische Gesellschaft. Und wissen Sie, was das Schlimmste ist? Europa pickt sich nur die Elite heraus und weigert sich, den anderen Schutz zu geben. Eine Reise nach Europa kostet zwischen 7.000 und 9.000 Euro. Dies sind für syrische Verhältnisse unglaubliche Summen. Diese Leute haben alles verkauft, um nach Europa zu kommen, und wenn sie zurückgeschickt werden, stehen sie buchstäblich vor dem Nichts.

*Aus verschiedenen Quellen hören wir, dass Syrien in einen schiitischen, einen sunnitischen, einen alewitischen und wenn möglich in einen kurdischen Teil gespalten werden soll, eine Balkanisierung also. Würden Sie sagen dieser Plan sei gescheitert?*
Absolut! Selbst die härtesten Gegner der syrischen Regierung weisen so einen Plan weit von sich. Dies ist absolut unmöglich in Syrien.

Es mag sein, dass einige kleine kurdische Parteien im Norden diese Pläne unterstützen, weil sie ihre eigene Agenda verfolgen. Jede andere Partei in Syrien, jede andere Organisation, jedes Individuum weist diese Pläne einer Spaltung jedoch mit aller Kraft zurück. Diese Bemühung, die syrische Einheit um jeden Preis zu bewahren, zeigt sich auch in der Tatsache, dass das syrische Volk hinter seiner Regierung steht. Bis zum März 2011 fuhr Präsident al-Assad seinen offenen Wagen selbst durch die Strassen von Damaskus und im Vorbeifahren winkte er den Leuten zu und sie winkten zurück. Es war damals nicht aussergewöhnlich, ihn Hand in Hand mit seiner Familie auf dem Markt oder in einem Restaurant zu sehen, ohne Leibwache. Das war vor 2011. Und plötzlich, aus dem Nichts heraus, verwandelt sich dieser allseits beliebte Präsident in einen Dämon, in das personifizierte Böse. Glauben Sie mir: Die grosse Mehrheit des syrischen Volkes durchschaut das und sieht klar, wer hinter diesen Plänen, Syrien zu spalten, steckt und sie es nicht zulassen.

*Eine letzte Frage: Gegen wenn kämpfen die USA in Deir ez-Zor?*
Sie selbst behaupten, sie würden dort den ISIS bekämpfen. Wir alle wissen jedoch, dass sie hauptsächlich Einheiten der syrischen Armee bombardieren. Ein Beispiel: Letztes Jahr gab es einen Luftschlag der US-Luftwaffe gegen eine sehr wichtige militärische Position der syrischen Armee in Deir ez-Zor. Später hörten wir, es sei ein Irrtum gewesen. Ein 55 Minuten dauernder Irrtum mit einer Bombardierung nach der anderen gegen eine Basis der syrischen Armee, welche schon immer dort gewesen war, das heisst diese Basis war kein Geheimnis! Minuten nach dem letzten Luftschlag der USA griff der ISIS an und überrannte die Basis. Die USA benutzen ISIS lediglich, um vor der Welt ihre militärische Präsenz in Syrien zu rechtfertigen. Aber niemand hat sie gerufen, niemand in Syrien will sie. Ein Ziel ihrer Angriffe ist es, Syrien vom Iran abzuschneiden, auch dazu missbrauchen sie die Kurden. Ihr ursprünglicher Plan war es, die Kurden Deir ez-Zor einnehmen zu lassen. Zum Glück konnte das von der syrischen Armee mit russischer Unterstützung

verhindert werden. Das war eine grosse Schlappe, welche die USA einstecken mussten.

*Dies sind, zum Ende unseres Besuches und unseres Gespräches, gute Neuigkeiten. Herr Samman, wir danken Ihnen, dass Sie sich Zeit für uns genommen haben. Wir wünschen Ihnen, Ihrer Familie und dem syrischen Volk alles Gute und ein Ende der Angriffe und des Embargos. Möge das syrische Volk vereint und standhaft bleiben!*
Ich danke Ihnen.

# IX
# Politische Einschätzung der Lage in Syrien (Ende 2017/Anfang 2018)

Ein Jahr später, Ende 2017 präsentiert sich die Lage in Syrien entspannter. Noch gibt es jedoch keinen Grund aufzuatmen. Die ärgsten Lügen, welche über die syrische Regierung und über die syrische Volksarmee verbreitet wurden, sind mittlerweile als solche entlarvt. Gleichwohl werden sie wider besseres Wissen hartnäckig weiter verbreitet; seien es Fassbomben, seien es Giftgasangriffe, seien es Foltergefängnisse. Immer wieder werden Anschuldigungen erhoben, ohne die Spur eines Beweises.
Das Opfer wir zum Täter gemacht. Eine politische oder auch nur eine juristische Analyse der Ereignisse findet nicht statt.
Der Plan war offensichtlich und dürfte mittlerweile klar sein: Im Zuge des sogenannten „arabischen Frühlings“ sollte auch die Regierung Syriens gestürzt werden. Es handelt sich bei dieser Annahme keineswegs um eine Verschwörungstheorie; die Machthaber in Washington, London, Paris, Berlin u.a. haben ihre Pläne von Anfang an offen kommuniziert: „Regime Change“, Unterstützung der sogenannten „bewaffneten Opposition“, Teilung Syriens in einen kurdischen, einen sunnitischen und einen kleinen alewitischen Teil. Diese imperialistischen Pläne des „divide et impera“ sind gescheitert. Auf unseren Reisen hörten wir von Menschen aus allen gesellschaftlichen Schichten unabhängig voneinander immer wieder denselben Satz: *Wir haben gesehen, was sie in Jugoslawien angerichtet haben, wir haben gesehen, was sie im Irak angerichtet haben, wir haben gesehen, was sie in Libyen angerichtet haben und wir werden nicht zulassen, dass sie Syrien zerstören!“*
Ein frommer Wunsch, der eigentlich präzisiert werden muss: Selbstverständlich sind die USA und deren Komplizen in der Lage, Syrien zu zerstören, so wie sie unzählige andere Länder zerstört haben. Aber niemals wird es ihnen gelingen, das syrische Volk als solches

zu spalten. Dazu ist es zu spät, dazu sind die syrischen Menschen zu gut informiert und dazu leistet das syrische Ministerium für nationale Versöhnung zu gute Arbeit. (Siehe dazu das Kapitel „Versöhnung" in diesem Buch.) Menschen flüchten vor der Gewalt in Syrien. Sie flüchten, wann immer ihnen das möglich ist, in die Gebiete, in welchen die syrische Armee die Oberhand hat. So geschehen in Homs, in Aleppo, in Yarmuk, in Baba Amr, in unzähligen anderen Orten, wenn sie vor den Todesschwadronen (hier noch immer „Rebellen" genannt) flüchten. Mittlerweile kehren die Geflohenen aus den Lagern in Libanon, Jordanien oder der Türkei zurück mach Syrien. Der nächste Schritt wird der Wiederaufbau des Landes sein. Wie die syrische Regierung bereits verlauten liess, wird es keine Aufträge für Länder geben, welche den Terror in Syrien in welcher Weise auch immer unterstützt haben. Wenn damit wirklich ernst gemacht wird, dann dürften den westlichen Firmen und Konsortien Aufträge in Milliardenhöhe entgehen. Russland, China, Indien, Iran, mit einem Wort all diejenigen, welche sich loyal oder wenigstens neutral gegenüber Syrien verhalten haben, werden wohl demnächst in syrischen Wiederaufbau-Projekten aktiv werden können.
Es gibt Ende 2017 keine eigentlichen Fronten mehr in Syrien. Der allmächtig scheinende oder allmächtig gemachte „Islamische Staat", gegen den die USA und ihre Komplizen angeblich so lange vergeblich gekämpft haben, wurde innerhalb von zwei Jahren von den vereinten Kräften Syriens und Russlands, unterstützt von Iran und der Hisbollah, besiegt. Seltsamerweise hielt sich die Freude darüber in der westlichen Mainstream Presse in Grenzen.
Gewiss wäre es unrealistisch, nun in Euphorie zu schwelgen. Aber wie es Elia Samman in unserem Gespräch formulierte: *„Man sieht nun ein Licht am Ende des Tunnels"*.

Viele Fragen bleiben offen, viele Probleme sind noch nicht gelöst. Wiederaufbau und Versöhnung gehören ebenso in diesen Komplex wie die Kurdenfrage. Keines der anstehenden Probleme kann jedoch ohne die syrische Regierung, ohne das syrische Volk gelöst werden.

Entgegen jedem Völkerrecht haben die USA im Norden Syriens, in den sogenannten Kurdengebieten Militärbasen aufgebaut, die Rede ist mittlerweile von bis zu 20 Basen und von 4.000 Soldaten.[25] Ebenso wie alle anderen innersyrischen Angelegenheiten muss auch diese Frage innerhalb der syrischen Gesellschaft gelöst werden. Die Militärpräsenz der USA und von allen anderen von der syrischen Regierung nicht legitimierten Armeen und Bewaffneten ist illegal. Offenbar ist weder die UNO noch eine andere politische, juristische oder zivile Organisation in der Lage, diese Okkupation zu verhindern. Folglich wird es wohl auf ein Kräftemessen zwischen Russland und den USA hinauslaufen. Dieses Kräftemessen findet auf dem Rücken des syrischen Volkes statt. Die kurdische Führung ist an dieser Entwicklung nicht unschuldig. Statt die US-Präsenz im Norden Syriens zu verurteilen und zu bekämpfen, begrüssen die (oft türkisch-kurdischen) KämpferInnen die US-Soldaten als vermeintliche „Befreier". Wir brauchen wahrhaftig keine prophetischen Gaben, um vorauszusagen, dass eine solche Politik der kurdischen Führung von vornherein zum Scheitern verurteilt ist. Das Ziel der USA und ihrer Komplizen ist Machtpolitik um jeden Preis. Die KurdInnen mögen sich heute als „Verbündete" der USA und der NATO sehen, de facto sind sie deren Manipuliermasse.

Zukunftsträchtig ist eine Lösung wie vom syrischen Ministerium für nationale Versöhnung vorgeschlagen: Dialog auf Augenhöhe am Verhandlungstisch, beruhend auf gegenseitigem Vertrauen. Dieses Vertrauen soll und muss geschaffen werden, nicht nur in den Gebieten, in welchen vorwiegend KurdInnen leben, sondern überall. Ohnehin sind dies für die syrische Gesellschaft obsolete Fragen. Spannungen entlang religiöser oder ethnischer „Grenzen" gab und gibt es in Syrien nicht. Christen fliehen vor den Terrorbanden des IS in Gebiete, in den vorwiegend Muslime leben und werden dort willkommen geheissen. In Damaskus sehen wir ebenso wie in anderen Städten des Landes Moscheen neben Kirchen, neben Synagogen. Separation ist ein in Syrien unbekanntes, von aussen importiertes Phänomen.

---

[25] https://deutsch.rt.com/der-nahe-osten/61291-leak-sdf-usa-syrien-militar-40000-soldaten-assad/ (Zugriff März 2018)

Nein, Syrien ist gewiss noch nicht über den Berg. Die Probleme jedoch, mit denen das Land heute konfrontiert ist, kommen zum grössten Teil von aussen: Nach wie vor der Terror durch die Söldnerbanden, die illegale Besatzung des Nordens durch die USA, die illegale Besatzung der Golanhöhen durch Israel, die illegale Besatzung Iskanderuns durch die Türkei und nicht zu vergessen: das Embargo des Westens, welches sich durch nichts rechtfertigen lässt. Mit anderen Worten, am Ende des Jahres 2017 auf einen Nenner gebracht: Wenn die Souveränität des syrischen Staates geachtet, wenn die nicht legitimierten Armeen und Bewaffneten endlich aus dem Land verschwinden, wenn das Embargo aufgehoben und die wirtschaftlichen und diplomatischen Beziehungen wieder etabliert werden, dann wird es tatsächlich Frieden geben. Auf eine noch einfachere Formel gebracht:

**HÄNDE WEG VON SYRIEN!**

*Einige Monate später – im Januar 2018 – reisten wir erneut nach Syrien. Grund für diese Reise war der Filmemacher Jan Poldervaart, der plante, einen authentischen Dokumentarfilm über das Leben in Syrien zu drehen. Geplant war von Beginn an eine Recherche-Reise. Inwiefern der Film zu einem späteren Zeitpunkt realisiert werden wird, kann jetzt nicht gesagt werden. Gleichwohl war auch diese Reise eine Erfahrung für uns, die uns in jeder Beziehung – vor allem persönlich und politisch – bereichert hat. Wieder zeigte sich, dass der westliche Narrativ von einer „Diktatur", und einer „Rebellion gegen diese Diktatur" nicht allein westliches Wunschdenken, sondern vielmehr eine westliche Lüge ist.*

# X
# Syrien, Januar 2018, mehr als ein Tagebuch

**16. Januar**

Ankunft plangemäss in Beirut. Taxidienst, organisiert von Ghassan klappt perfekt, keinerlei Probleme beim Grenzübertritt. Jan wird ausdrücklich darauf hingewiesen, dass er sein Pressevisum am folgenden Tag beim Informationsministerium bestätigen lassen muss. Durch die üblichen Kontrollpunkte nach Damaskus, auch das ohne Probleme. Begrüssung aufs herzlichste von Rasmije und Maron. Viel kann an diesem Tag nicht mehr getan werden, ausser miteinander zu reden und ausgiebig Wasserpfeife zu rauchen.

Wir stellen fest, dass ich der einzige mit einem funktionierenden Telefon bin. Jans Teil ist uralt und Ghassans funktioniert weiss der Geier warum nicht.

Wenn ich Wlan habe geht sogar Kontakt mit der Schweiz.

**17. Januar**

Als erstes ins Informationsministerium. Alle sind sehr nett, wollen aber Bescheid wissen, was und vor allen wie Jan berichten wird. Längeres Gespräch mit dem Resultat, dass wir sämtliche Bewilligungen bekommen, sogar in die Zitadelle von Aleppo dürfen wir hinein. Dann der Hammer: Die Dame will uns einen Beamten mitgeben, der uns begleitet, da könne man nichts machen, das sei so Vorschrift. Wir versuchen, sie mit dem Argument davon abzubringen, wir hätten keinen Sender und keine Redaktion im Rücken, könnten uns also nicht leisten, einem Beamten die Unterkunft und das Essen zu bezahlen. Schliesslich lässt sie sich breitschlagen, aber Ghassan wird verpflichtet, ihr über unsere Reise Auskunft zu geben.

Wir plaudern noch ein bisschen und sie erzählt von einem syrischen Journalisten, der einen grösseren Artikel zum Thema Widerstand in Syrien plant. Sie will wissen, was wir davon halten. Ich antworte ihr, dass ich der Meinung bin, dass die syrische Armee nicht eigentlich Syrien verteidigt, sondern die gesamte Region und schlussendlich für die gesamte Menschheit Widerstand gegen diese imperialistische Aggression leistet. Sie findet das einen interessanten Ansatz und fragt mich, ob wir bereit seien, mit dem Journalisten zu sprechen. Keine Frage, selbstverständlich tun wir das. Ghassan nimmt die Nummer des Journalisten auf und ruft ihn später am Tag an – ob daraus etwas wird, können wir zum jetzigen Zeitpunkt noch nicht sagen.

Sie freut sich, als ich ihr sage, dass ich ihren Namen liebe, sie heisst nämlich Lena, und sie lacht, als sie erfährt, dass unsere Tochter auch so heisst. Dann schickt sie uns in den Keller, dort sollen wir die Ausweise erhalten. Dort erleben wir ein winziges Stückchen Chaos: Auf dem Ausweis von Jan steht der Name von seinem nicht vorhandenen Kameramann und auf dem Ausweis mit meinem Bild steht Jans Name. Das ganze klärt sich dann auf: Jan bekommt einen korrekten Ausweis und Ghassan und ich erhalten als Nicht-Journalisten die Bestätigung, dass wir überall mit hinkommen dürfen, inklusive der Zitadelle in Aleppo.

Zurück bei Ghassan taucht dann schon bald Maamouns Neffe auf, und gemeinsam besuchen wir alle Amin. Es geht ihm wirklich besser, täglich bekommt er Physiotherapie, und er scherzt, dass er mit mir, wenn ich das nächste Mal komme, um die Wette laufen wird. Mahmud, der Arzt in einer Privatklinik ist, verabredet sich mit uns am nächsten Tag zu einem Interview mit seinem Chef.
Morgen Abend um sieben treffen wir uns ausserdem zu einem erneuten Interview mit Elia Samman.

**18. Januar**
Um zehn Uhr sollen wir uns mit Mahmud im Krankenhaus, in welchem er arbeitet, treffen. Er verspätet sich um eine gute Stunde und Ghassan regt sich fürchterlich auf. Nicht, weil wir warten müssen, erklärt er mir, sondern weil so etwas vor Jan das Bild vom „unpünktlichen und unzuverlässigen" Araber zementiert. Als Mohammed schliesslich kommt, bringt er uns mit dem Chefarzt des Krankenhauses, einem Dr. Jihad zusammen. Mit dabei ist ausserdem ein Dr. Faisal, ein 72-jähriger Arzt, der aber trotzdem noch arbeitet. Vor allem, so erklärt er uns, behandelt er für wenig Geld oder umsonst Patienten, vor allem in Yarmuk.
Jan baut seine Gerätschaften auf und das Interview mit Dr. Jihad beginnt. Jan meint später, er werde wohl nur einen Bruchteil des langen Gesprächs verwenden können, deswegen gebe ich, so gut mir das aus dem Gedächtnis möglich ist, wieder, was uns im Büro von Dr. Jihad erzählt wurde:

- Bei dem Krankenhaus al-Faiha handelt es sich um ein privates Krankenhaus. Es ist für Allgemeinmedizin, also nicht spezialisiert.
- Jetzt in der Zeit der Krise, werden auch Patienten, die nicht bezahlen können, aufgenommen, für weniger Geld oder ganz umsonst. Die Kosten übernimmt dann das Gesundheitsministerium. (Zu denselben Konditionen wie die staatlichen Krankenhäuser arbeiten).
- Das Krankenhaus untersteht der Kontrolle des Ministeriums für Gesundheit.

- Wie alle anderen Krankenhäuser leiden sie sehr unter dem Embargo, vor allem bezüglich der Geräte und Instrumente. Ein hochmodernes MRI Gerät, welches er uns später zeigt, kann nicht mehr betrieben werden, weil das Helium dazu fehlt.
- Medikamente fehlen auch, das ist jedoch weniger schlimm, da der syrische Staat nach wie vor über eine funktionierende Pharmaindustrie verfügt.
- Dr. Jihad erzählt, er habe lange Jahre in Qatar in einer Kinderklinik gearbeitet und sei danach nach Syrien zurückgekehrt. Zu Beginn der Ereignisse habe ihn sein früherer Arbeitgeber in Qatar kontaktiert und aufgefordert, Syrien zu verlassen und seine alte Stelle in Qatar wieder anzutreten. Das habe er abgelehnt.
- Mohammed ergänzt diese Geschichte: Ein Studienkollege von ihm habe als Arzt in London praktiziert. Als die Krise in Syrien begonnen habe, sei er zurückgekehrt, um hier zu arbeiten. Nach zwei Monaten sei dieser Kollege von den Terroristen entführt worden. Nach einigen Wochen hätten sie in einem Krankenhaus von Damaskus seine Leiche identifizieren müssen, er sei von den Terroristen erschossen, und irgendwo liegen gelassen worden.
- Dr. Jihad fährt fort: Schon immer habe es einen regen Austausch zwischen den staatlichen und den privaten Krankenhäusern gegeben, dieser sei nun in der Krise viel intensiver geworden. Dr. Faisal ergänzt, dass es Privatkrankenhäuser in Syrien schon seit den 30er Jahren des vorigen Jahrhunderts gebe, in den 90ern hätten sie einen enormen Aufschwung genommen und jetzt sei ihre Zahl mehr oder weniger stabil.
- Im Grossraum Damaskus existieren lediglich drei, dafür aber riesengrosse staatliche Krankenhäuser.
- Dr. Jihad outet sich als gläubiger Muslim. Er ist davon überzeugt, dass ihn die Terroristen mit Entführung, sogar mit dem Tod bedrohen können – aber wenn dies nicht Gottes Wille ist, werden sie ihm nichts antun können.
- Alle drei, Jihad, Faisal und Mohammed, betonen immer wieder, wie verschieden die Teile der syrischen Gesellschaft sind und

dass diese Unterschiede die Einheit des syrischen Volkes bilden. Diese Einheit könne auf keinen Fall zerstört werden.

- Nach dem gut zweistündigen Gespräch, welches Jan vollständig aufgenommen und gefilmt hat, folgt eine Führung durch die sechs Stockwerke des Krankenhauses, die ebenfalls gefilmt wird. Selbstverständlich erklärt Dr. Jihad während dieser Führung sämtliche Details.

Nach dem Besuch des Krankenhauses filmt Jan das Gebäude von aussen, während Ghassan und ich uns noch mit Dr. Faisal unterhalten. Ein aufmerksamer Sicherheitsmann vom Krankenhaus-Personal sieht Jan filmen. Statt sich zu erkundigen, ruft er direkt beim Militär an. Der gerufene Offizier, offensichtlich Miliz, lässt sich von unserem Papier vom Informationsministerium ebenso wenig beeindrucken wie von Jans Presseausweis. Wir müssen mit ihm zu seinem Vorgesetzten fahren. Der empfängt uns in einem improvisierten Büro an einem Kontrollpunkt und schaut sich Dokument und Ausweis an. Nach einem kurzen Anruf ist alles klar und mit vielen Entschuldigungen werden wir entlassen, das gefilmte Material wollten sie nicht mal sehen.

Ich erkläre Jan, dass Krankenhäuser hochsensible Bereiche seien, weil sie immer wieder Ziele von Angriffen seien. Er winkt ab und meint, er habe vollstes Verständnis für diese Massnahmen.

Am Abend dann der Besuch und das Gespräch mit Elia Samman. Er freut sich sichtlich, uns zu sehen. Wieder baut Jan sein Equipment auf und das Interview beginnt. Das Gespräch folgt mehr oder weniger der Linie des Interviews, welches wir mit Elia Samman bereits im letzten Herbst geführt haben. Wobei mir auffällt, dass Jan weniger offensiv fragt als ich und auch nicht dezidiert auf eigenen Standpunkten beharrt, so wie wir das tun. Gleichwohl macht das Gespräch einen guten Eindruck auf mich.

Neues von Elia Samman erfahren wir kaum. Nach dem Interview mit Jan folgt noch ein Gespräch mit Elia Samman, „off the record“ bei einem Glas Wein.

Er ist nach wir vor optimistisch, auch was die Situation in den sogenannten Kurdengebieten angeht. Und er wiederholt seine Aussage vom Herbst: Vielleicht 10% der Kämpfer in diesen Gebieten seien dort ansässige Kurden. Alle anderen seien entweder Söldner (bezahlt von USA und EU) oder dann noch ein paar wenige Fanatiker. Mit solch einer Demographie könne man keinen Staat gründen und schon gar keinen Staat halten.
Er teilt jedoch meine Einschätzung, dass die Stationierung von US- und NATO-Basen auf syrischem Boden eine äusserst gefährliche Entwicklung ist.
Elia Samman erzählt einmal mehr, wie sehr Syrien unter den Sanktionen leidet. Ich berichte ihm von unserer Korrespondenz mit dem ehemaligen Schweizer Aussenminister Burkhalter.
Wieder tauchen zum Schluss des Gesprächs die Frau von Elia Samman und sein Sohn auf, auch von ihnen werden wir herzlich begrüsst.
Nach ca. 2 Stunden verabschieden wir uns. Jan meint, dass er mit diesem Rohmaterial wohl gut werde arbeiten können.
Die Pläne für morgen sehen vor, dass Jan noch die Bäckerei in der Nachbarschaft filmen möchte, am Nachmittag dann werden wir nach Mar Yakub fahren.

**19. Januar**

Reisetag nach Qara, bzw. Mar Yakub. Wie immer sind das lange Wartezeiten, die wir uns mit Wasserpfeife und Kaffee verkürzen. Schliesslich erscheint so gegen 15.00 Uhr Basel und wir fahren los. Unterwegs halten wir an, um was zu essen, und das entwickelt sich zu einem typisch syrischen reichen Mahl mit allem Drum und Dran. Nach den üblichen Kontrollen kommen wir im Kloster an. Einiges hat sich seit letztem Herbst verändert. Die Baustelle im Männertrakt ist so gut wie beendet, die Zimmer sind alle bezugsbereit, jedes mit eigenem WC und Dusche. Allerdings kann erst ab 10.00 Uhr morgens geduscht werden, da es jetzt im Winter solange dauert, bis sich das Wasser auf dem Dach aufgeheizt hat. Nachdem wir unsere Zimmer bezogen haben, werden wir im Gemeinschaftsraum des Männertraktes begrüsst. Pater Daniel freut sich ausserordentlich und er versichert uns, wenn immer möglich will er uns nach Aleppo begleiten. Mother Agnes ist nicht da, sie wird in den nächsten Tagen erscheinen; es ist ungewiss, ob wir sie sehen werden, da wir so schnell wie möglich nach Aleppo reisen wollen.

**20. Januar**

Morgens fahren wir mit Mari nach Qara, Jan will das Frauenprojekt mit den Handarbeiten filmen. Mari hat noch keine Zeit, um Evas Vorschläge bezüglich Handarbeiten entgegenzunehmen, wir werden das am Nachmittag erledigen. In diesem Frauenprojekt in Qara läuft dasselbe Prozedere wie letztes Jahr: Wenn man da nicht direkt involviert ist oder wie Jan eben filmt, dann wird das ziemlich schnell langweilig. Während Jan drinnen filmt, sitzen Ghassan und ich im Garten des Zentrums und trinken Kaffee. Wir rufen nochmals die Journalistenin in Damaskus an, die mit uns reden will, und vereinbaren, dass wir uns wenn möglich mit ihr treffen, sobald wir zurück in der Hauptstadt sind.
Nach der Rückkehr ins Kloster will Jan eine Messe filmen. Ghassan und ich sehen uns derweil ein wenig im neuen Trakt um, und wir entdecken die Käserei an der Arbeit. Ein Beduine mit seinen beiden Töchtern produziert alle Arten von Käse. Diesen Käse haben wir zwar letztes Jahr schon gesehen, nicht aber die Produktion. Interessiert sehen wir den Dreien zu, bis es Zeit fürs Mittagessen wird.
Am Nachmittag plant Jan ein Interview mit Pater Daniel, und ich muss unbedingt die Mitteilungen bezüglich des Handarbeitsprojektes mit Mari erledigen. Irgendwann am Nachmittag taucht Basel auf, und Ghassan und ich fahren mit ihm hinunter ins Dorf auf einen Tee und eine Pfeife. Jans Interview mit Pater Daniel muss verschoben werden, da sich Jan erkältet hat und sich ins Bett legt.

Zurück im Kloster erfahren wir, dass morgen der Namenstag von Agnes ist. Ein Kuchen wurde gebacken, alle sind zusammen, es wird gesungen und das ganze wird auf Video aufgenommen und

ihr über Skype geschickt. Ein Halleluja auf die moderne Kommunikationstechnik!
Mari ist hell begeistert von Evas und Dudas Anstrengungen, Handarbeiten zu verkaufen. Sie übergibt mir Evas Bestellungen und ich übergebe ihr Evas neuste Ideen. Sie meint, die Frauen in Qara seien alle überglücklich und das ist ja gut so.
Weil es ziemlich kalt ist und wir morgen nach Aleppo weiter fahren, kaufe ich ihr einen Schal und eine Wollmütze ab.

**21. Januar**

Heute früh waren wir alle inklusive Vater Daniel bereit zur Abfahrt nach Aleppo. Das Programm wurde jedoch gestoppt, da sich Jans Erkältung massiv verschlimmert hat. Wir fassten den Beschluss, bis zum Abend zu warten, in der Hoffnung, dass sich Jans Zustand verbessert. Leider war das Gegenteil der Fall, Ghassan und ich waren wieder mit Basel unterwegs, als wir zurückkamen, teilte uns Jan mit, eine Reise nach Aleppo mit ihm sei ausgeschlossen: 38-39° Fieber und Schüttelfrost. Wir werden nun morgen statt nach Aleppo zurück nach Damaskus fahren, in Ghassans Familie wimmelt es ja nur so von Ärzten. Er wird in einem warmen Zimmer sein, während hier im Kloster überall mehr oder weniger Aussentemperatur herrscht, abgesehen vom geheizten Gemeinschaftsraum und ein paar Pippifax-Öfchen.
Soweit so gut, bzw. so schlecht also. Wir werden den Rest unseres Aufenthaltes in Damaskus verbringen und ich bin mir sicher, uns wird es nicht langweilig werden. Leid tut es uns um Jan, doch er war ja von Beginn an der Meinung, er liesse einfach mal alles auf sich zukommen, und mit 39° Fieber so eine Reise zu unternehmen, wäre wirklich mehr als fahrlässig.

**22. Januar**

Rückfahrt mit Basel nach Damaskus. Am meisten bedauert, glaube ich, Pater Daniel, dass aus der Reise nach Aleppo nichts wird. Daniel wollte sich so gerne mit Bischof Jean Jeanbart in Aleppo treffen. Er

tröstet sich damit, dass demnächst ein Hilfstransport vom Kloster in die Region fahren soll und er hofft, dass er diesen begleiten kann. Zum Abschied schenkt er mir sein Buch „Wie Putin und al-Assad unser Leben gerettet haben“. [26] Leider in flämisch, aber er meint, das sei sicher kein Problem für mich. (Ups)
Jan reist eingewickelt in eine Decke und legt sich in Damaskus gleich ins Bett. Er überlegt, ob sich wohl der Flug umbuchen lässt.

**23. Januar**

Den ganzen Tag mit Ghassan unterwegs wegen einer eventuellen Umbuchung des Rückfluges. Das ist als Folge des Embargos ziemlich kompliziert und stellt sich am Schluss als zu teuer heraus. Ebenso gut könnten wir neue Flüge buchen. Mit Jans Zustimmung belassen wir es also bei den alten Flugdaten, in der Hoffnung, dass er sich hier erholt. Sein Argument, dass er hier ebenso gut unter einer Grippe leiden kann wie in der Schweiz ist einsichtig.
Als Ghassan und ich durch Bab Touma schlendern, fällt uns auf, dass viele Geschäfte geschlossen sind und sehr wenig Menschen auf der Strasse sind. Wir setzten uns auf ein Bier und eine Wasserpfeife in ein Restaurant und erfahren dort, dass gestern wieder in Bab Touma eine Rakete eingeschlagen ist: 12 Tote und viele, man kann nicht sagen wie viele, Verletzte. Auch das, so sind wir überzeugt, wird den westlichen Medien keine Meldung wert sein. [27]
Auch hier wird nur am Rand darüber berichtet – der grosse Hype hier in den Medien ist der türkische Einmarsch nach Afrin mit unterschiedlichster Analyse. Auf meine Idee, nämlich dass die ganze Aktion in Absprache mit Damaskus und Moskau geschieht, kommt offiziell niemand. (Siehe weiter unten)

Erfreulicherweise gibt mir Samir, der später am Abend noch zu Besuch kommt, vollkommen recht: Ohne die Zustimmung der syrischen

---

26 Poetin & Assad hebben ons Leven gered Daniel Maes, uitgeverji de blauwe tijger ISBN 078 94 92161420

27 Das ist richtig: Über diesen Anschlag haben die westlichen Medien nicht berichtet. Das hat Methode: Während über die Angriffe der syrischen Armee detailliert und oft masslos übertrieben berichtet wird, schweigen die westlichen Medien oft genug zu den Verbrechen der Terrorbanden

und der russischen Regierung kann die türkische Armee keine solche Aktion starten, davon ist auch er er überzeugt.

**24. Januar**

Am Morgen Besuch in der Schule mit der wunderschön mit einem Mosaik gestalteten Mauer, die wir schon letzten Herbst besucht haben. Der Direktor, Dr. Muafflak, empfängt uns und führt uns herum. Es handelt sich um eine Grundschule, eine weiterführende Schule und – integriert darin – um eine Kunstschule. Sämtliche Räume sind individuell von den StudentInnen der Kunstschule gestaltet. Bei dieser Gestaltung wurde Wert darauf gelegt, Material zu verwenden, welches sonst weggeworfen worden wäre – ein künstlerisch wertvolles Recycling-Projekt. Wir treffen auch den Künstler, der gemeinsam mit Dr. Muafflak das Projekt betreute und noch immer daran arbeitet, ein junger Bildhauer namens Ali Suleiman. Das ganze ist noch immer ein Werk in Entstehung, wann immer ein Zimmer, ein Treppenaufgang, selbst eine Toilette renoviert wird, geschieht dies nicht ohne die Begleitung des künstlerischen Teams.

Angeschlossen an die Schule ist ein paar Strassen weiter ein wissenschaftliches Museum, in der Regel nicht offen für die Öffentlichkeit, sondern für die StudentInnen, ebenso wie eine Bibliothek. Wir bekommen eine Führung durch beides – Museum und Bibliothek. Morgen, so wird verabredet, trifft sich Jan, immer noch erkältet, nochmals zum Interview mit dem Direktor und den LeiterInnen der Institution.

**25. Januar**

Morgens mit Ghassan unterwegs zum Informationsministerium, um Jans Presseausweis zurückzugeben. Das enthebt Ghassan auch von der Pflicht, einen Bericht zu schreiben, weil wir gleich persönlich mit Lena M. reden können. Wir berichten, wo wir waren, was Jan gefilmt hat und vor allem was wir, da Jan ja erkrankt ist, nicht getan haben. Sie ist damit zufrieden und lässt Jan ausrichten, sie wünsche

ihm gute Besserung. Dann fragt sie mich, ob eine Verabredung mit dem Journalisten, der mich interviewen wollte, zustande gekommen ist. Wir sagen ihr, dass ich ihn noch heute im Hotel Damas Rose treffen werde.
Sie fragt mich, ob ich wohl so nett sei und einen Artikel von mir ins englische übersetzen würde, damit sie das auch lesen kann. Ich verspreche, ihr meinen Text zu Afrin zu mailen und wir verabschieden uns höflich.
Im Damas Rose lässt mich Ghassan mit dem Journalisten-Team vom Mayara Magazin allein, um mit Jan die Kunstschule von Tischara zu besuchen.
Das Interview mit Majara dauert gute 45 Minuten: Sie wollen wissen, was ich von der aktuellen Situation in Syrien halte, wie ich Widerstand definiere, wie die Meinung in Europa, in der Schweiz zu Syrien ist usw. Alles in allem ein ergiebiges und gutes Gespräch; sie lassen mich ausreden und stellen interessante Fragen. Nachdem wir unsere Mailadressen ausgetauscht haben, versprechen sie mir, das Interview zu schicken, sobald es gedruckt ist, und ich meinerseits verspreche, ihnen unsere englischsprachigen Texte zu schicken.
Der Journalist, der mich befragt hat, Ahmed Abu Lubdadeh, fährt mich zurück nach Tischara. Ich finde Jan und Ghassan in der Schule. Für Jan ist es ein bisschen enttäuschend, wohl konnte er die Schule filmen, der Direktor Dr. Muafflak jedoch, der ihm ein Interview versprochen hat, lässt ausrichten, er habe leider keine Zeit.
Schade.
Später am Abend besuchen wir im Krankenhaus Christina, ein Mädchen aus der Nachbarschaft von Ghassan, welches beim Anschlag auf Bab Touma vom 22. Januar schwer verletzt wurde.

**26. Januar**

Langes Ausschlafen, am Nachmittag einen kurzen Abstecher nach Bab Touma mit Jan, der langsam wieder zu den Lebenden zurückgekehrt ist. Es ist alles ruhig, wenig Menschen auf der Strasse, was nicht mehr als logisch ist, heute ist Freitag.

Zurück bei der Familie taucht ein Besuch nach dem anderen auf, um sich von Ghassan zu verabschieden. Als alle weg sind, beginnen wir zu packen und danach rauchen wir eine letzte Pfeife. Morgen werden wir um 10 Uhr vom Taxi, welches uns nach Beirut fährt, abgeholt.

# XI
# Einschätzungen und Gespräche mit Betroffenen

## Sicherheit

Nach dem Interview bei einem Glas Wein erzählen wir Elia Samman die Geschichte, die uns am Morgen vor dem Krankenhaus widerfahren ist. Ghassan ist sauer, weil er der Meinung ist, dies bringe Syrien einmal mehr den Ruf ein, ein Polizeistaat zu sein. Ich verstehe die Reaktion des Milizionärs vollkommen: Man stelle sich vor, nach diesen Filmaufnahmen wäre es zu einem Attentat auf das Krankenhaus gekommen. Jan neigt eher auf meine Seite und Elia Samman ist davon überzeugt, dass solche Aktionen der Regierung mehr schaden als nutzen. Sicherheitsmassnahmen stellt er nicht in Frage, diese sollen jedoch mit Kompetenz und mit geschultem Personal durchgeführt werden. Durch derart dilettantische Aktionen, wie wir sie heute morgen erlebt hätten, werde die Sicherheit nicht erhöht. Ausserdem sei innerhalb der Bevölkerung Syriens eh die Meinung vorherrschend, es gäbe zu viele Kontrollen und diese würden das Leben nur komplizieren.

Ja, meint er auf unsere diesbezügliche Frage, das sei auch jetzt während der Krise so. Meinen Einwand, immerhin befinde sich die syrische Gesellschaft doch im Krieg gegen diese Mörderbanden, lässt er gelten. Er wiederholt jedoch, die Kontrollen könnten effektiver, d.h. von besser geschultem Personal durchgeführt werden.

## Demokratie und Meinungsäusserungsfreiheit

Dr. Mahmud meint, die Demonstrationen 2011 seien berechtigt gewesen; auch heute gäbe es in Syrien zu wenig Demokratie, zu wenig Pressefreiheit und zu wenig Freiheit allgemein. Ich frage ihn, was er denn unter Demokratie und unter Freiheit versteht, und er zögert. Schliesslich sagt er, er könne diese Frage nicht beantworten, aber es gäbe einfach zu wenig Demokratie und zu wenig Freiheit.

Elia Samman beantwortet diese Frage differenzierter. Er meint, in einer freien Gesellschaft sei es nicht notwendig, dass Journalisten wie wir eine Akkreditierung vom Informationsministerium bekommen, so etwas habe eine freie Gesellschaft nicht nötig. Eine freie Gesellschaft könne sich erlauben, jede Partei, auch Islamisten zuzulassen, weil in einer freien Gesellschaft die Menschen autonom genug sind, um deren Machenschaften zu durchschauen. Insofern, so Elia Samman weiter, sei Syrien natürlich keine freie Gesellschaft. Dies sei jedoch auch gar nicht möglich, da ja Syrien von allen Seiten angegriffen sei. Zuerst also müssen die Penetrationen und Angriffe von aussen beendet werden und dann kann man sich daran machen, die syrische Gesellschaft schrittweise zu reformieren. Dass dies kein Problem ist, davon ist Samman überzeugt, denn schliesslich lege die syrische Geschichte ja Zeugnis davon ab, dass die Menschen dieser Gesellschaft in Harmonie und Frieden zusammenleben können, dies nicht nur über Dekaden oder Jahrhunderte, sondern über Jahrtausende.

**Nationalismus**

SSNP bedeutet „Syrian Social Nationalist Party", „Sozialistische Syrische Nationale Partei". Das kann einem auch einfach egal sein, und man kann die Verdienste, welche sich die Partei um die Einheit Syriens, um die Versöhnung und um vieles mehr erwirbt, würdigen. Nicht egal sein kann einem der noch immer steigende Nationalismus der verschiedenen rechtsradikalen bis neo-faschistischen Parteien in Europa. Dass europäischer und aussereuropäischer Nationalismus der Länder des Südens niemals dasselbe sein können, liegt auf der Hand: Der europäische Nationalismus ist ein Instrument der Unterdrücker und nicht selten faschistisch, wenn auch meistens latent.

Der aussereuropäische Nationalismus entstand erst mit dem Kolonialismus und der künstlichen Nationenbildung der Kolonialmächte, später mit Sykes-Picot. Dieser Nationalismus hat emanzipatorische und oft auch anti-imperialistische Züge.

Der europäische und der aussereuropäische Nationalismus sind also nicht zwei einander verwandte, sondern zwei einander völlig entgegengesetzte Phänomene.

**Veränderungen im Kloster**

Seit unserem Besuch, der ja noch nicht so lange her ist, hat sich in Mar Yakub doch einiges getan. Der Trakt, in welchem die Mönche schlafen, wurde massiv renoviert, mit Gästezimmern (in denen auch wir schlafen), der Käserei, dem Gemeinschaftsraum usw. ausgebaut. Überhaupt tut sich immer was. Firaz, der Junge, welcher vor zwei Jahren ins Kloster kam und wahrscheinlich längere Zeit beim IS oder sonst einer Bande gelebt hat (genaueres wissen sie immer noch nicht) hat sich prächtig entwickelt. Er geht zur Schule und er entwickelt Sozialkompetenz. Wer nicht weiss, in welchem Zustand er noch vor zwei Jahren war, sieht heute einfach einen lustigen kleinen Jungen, natürlich mit Flausen im Kopf und manchmal ein wenig nachdenklichen Augen.
Verändert hat sich auch, dass der Frauentrakt, in dem vorher ja auch die Gäste untergebracht waren, jetzt abgeschlossen ist, und das im wahrsten Sinn des Wortes. Wer jetzt dort eintreten will, muss entweder eine der Nonnen herausklingeln oder über einen Schlüssel verfügen. Was das soll, wissen wir auch nicht. Schwester Mari meint, es sei, weil immer wieder Fremde ins Kloster gekommen seien; Pater Daniel hält das, als er seinen Schlüssel ins Schloss reinfummelt, weil wir in den Frauentrakt wollen, für einen ausgemachten Blödsinn.

**Zum Frühstück mit der Hisbollah**

Am Morgen, als wir entschieden, wegen Jans Fieber nicht nach Aleppo zu fahren, teilte man uns mit, in der Nacht seien vier Gäste von der Hisbollah angekommen, sie seien jetzt beim Frühstück auf der Veranda, falls wir Lust hätten, könnten wir uns zu ihnen gesellen. Wir klärten das Prozedere mit Aleppo ab und setzten uns dann zu den vier Hisbollah-Männern. Bruder David war mit ihnen in eine theologische Diskussion über den Messias, den Propheten und die

Gnade Gottes vertieft. Drei von ihnen schlürften gelangweilt ihren Kaffee, der vierte jedoch, der sich als Hauptmann entpuppte, beteiligte sich lebhaft an Davids Ausführungen. Die Debatte wurde halb in englisch, halb in arabisch geführt, ich verstand davon nur die Hälfte, um so mehr, als mich das kaum interessierte. Pater Daniel meinte später, es drehe sich alles immer wieder um die Rolle des Jesus. Sie würden bestreiten, dass Jesus Gott, bzw. Gottes Sohn, sei und dabei müsse man es eben belassen.

Als wir dann später in der grossen Halle sitzen, sage ich ihnen, was im Jahr 2014 in Mleeta[28], einer Gedenkstätte der libanesischen Hizbollah erläutert wurde: Du bist Anti-Zionist, du bist Anti-Rassist, du bist Anti-Imperialist – du bist automatisch Hisbollah.

Er nickt, genauso sei es, meint er in ziemlich gutem Deutsch, welches er – wie er uns erklärt – am Goethe-Institut in Beirut gelernt hat.

Auf unsere Fragen hin berichten sie uns, wie das damals war, als sie das Kloster befreit haben. Sie erklären uns, hinter welchen Hügeln sich die IS-Leute verschanzt hielten und wie sie sie vertrieben haben. Einer von ihnen relativiert aber sofort: Das sei überhaupt nichts besonderes gewesen, meint er. Diese IS-Banditen seien eine Bande von Feiglingen, die sich gerade mal trauen würden, ein paar wehrlose Mönche und Nonnen zu überfallen. Sie zu vertreiben sei keine Heldentat.

Das erinnert mich an Schwester Mari, die uns erzählt hat, sie habe damals gesehen, wie ein IS-Kämpfer vor einem Hisbollah-Mann auf die Knie gefallen sei und ihn angefleht habe, ihn zu verschonen.

„Was ist dann passiert?“ fragte ich Schwester Mari.

„Sie haben ihm alle Waffen abgenommen und ihn gehen lassen“ antwortete sie.

## Afrin und andernorts – eine Einschätzung aus Syrien

Den Nachrichten und dem Internet entnehmen wir, dass die türkische Armee in Afrin einmarschiert sei, um die YPG zu zerschlagen; dies in Übereinstimmung mit Russland. Das syrische Parlament protestiert

28 Homepage: www.mleeta.com

in aller Form gegen diesen Akt der Aggression seitens der türkischen Regierung. Soweit die aus den Medien bekannten Fakten. Wir hatten hier vor Ort in Damaskus (noch) keine Gelegenheit, mit einer dazu kompetenten Person über diese Zusammenhänge zu diskutieren. Deshalb an dieser Stelle unsere eigene Meinung dazu:

Die kurdischen Verbände der YPG in Afrin und andernorts in Nordsyrien arbeiten direkt mit den USA und den NATO-Aggressoren zusammen. Sie erhalten von den USA Waffen, Geld, Logistik und Ausrüstung. Im Gegenzug erlauben diese kurdischen Kämpfer den USA und der NATO die Stationierung von Militärbasen auf syrischem Staatsgebiet, welches zur Zeit unter Kontrolle dieser sogenannten „kurdischen Kämpfer" ist. (Mittlerweile 13 US-Basen, weitere sind geplant!). Wie wir von Elia Samman, einem syrischen Politiker der SSNP (Syrian Socialist National Party) erfahren haben, handelt es sich bei diesen kurdischen Kämpfern nicht vor allem um Syrer, nur eine Minorität von ihnen ist laut Samman Syrer. Beim Grossteil von ihnen handelt es sich um ausländische Kämpfer, von denen wiederum nur eine Minderheit ideologische Gründe für ihren Kampf hat, die meisten sind jedoch von den USA finanzierte Söldner. Vor diesem Hintergrund greift nun also die türkische Armee die kurdischen Verbände auf syrischem Boden an.

Diese Konstellation ist nur nur auf den ersten Blick verwirrend. Eigentlich wäre zu erwarten gewesen, dass entweder die syrische Armee, die russische Armee oder die Kräfte der Hisbollah die kurdischen Kämpfer aus dem syrischen Gebiet rund um Afrin, Qamischli, Ain al-Arab etc. vertreiben. Dies hätte jedoch, da sich die kurdischen Kämpfer ja dazu entschlossen haben, mit den USA und der NATO zusammenzuarbeiten, eine direkte Konfrontation mit den USA bedeutet. Weder Syrien, noch Russland, noch die Hisbollah wollten offenbar ein derartiges Risiko eingehen.

Die Türkei ihrerseits kann keinerlei Interesse an einem wie immer gearteten „kurdischen Staat" oder auch nur einer „kurdischen Autonomie" an ihrer Grenze haben. Dies umso mehr, als es sich bei der YPG um eine relativ unberechenbare Kraft handelt. Barzani und Talabani im Irak waren verglichen damit relativ handzahm. Es entbehrt daher nicht einer gewissen Logik, dass die türkische Armee nun mit Duldung Russlands in Nordsyrien einmarschiert, um die kurdischen Verbände zu schlagen.

Die gefährlichen Fragen sind nun:
Was passiert, wenn diese kurdischen Verbände von der türkischen Armee geschlagen oder vertrieben sein werden?
Was passiert, wenn sich die türkische Armee direkt mit ihren US- und NATO-„Verbündeten" konfrontiert sieht?
Dass sich die Türkei und die USA auf syrischem Boden bekämpfen werden, darf wohl ausgeschlossen werden. Ausschliessen dürfen wir wohl auch, dass diese kurdischen Verbände der türkischen Armee lange standhalten werden. (Sie werden keiner Armee lange standhalten, sofern sie nicht die Rückendeckung der USA haben). Jede Armee jedoch, welche sich mit diesen kurdischen Verbänden anlegt, legt sich mit den USA und der NATO an – ausser eben die türkische Armee, da diese ja selbst NATO-Mitglied ist. Daher kann nur die Türkei und niemand anders die kurdischen Kämpfer aus Nordsyrien vertreiben. Ein echtes Dilemma also für die USA, die NATO und die Zionisten.
Man ist geneigt, diese Entwicklung als genialen Schachzug zu interpretieren, möglicherweise eine Zusammenarbeit zwischen Damaskus und Moskau? Die türkische Armee soll nun also anstelle von Syrien und dessen Verbündeten gegen diese sogenannten kurdischen Milizen im Norden des Landes kämpfen. Die USA und die NATO können sich dann überlegen, ob sie in der Tat ihren eigenen Komplizen, die Türkei angreifen wollen, anders lässt sich die türkische Regierung kaum in die Schranken weisen. Das ist auch durchaus verständlich, denn ein kurdischer Staat im Norden Syriens wäre für Ankara eine höchst gefährliche Angelegenheit. Dann schon lieber temporär aus dem NATO-Verband ausscheren und scheinbar eigenmächtig gegen die Kurden kämpfen.

Bleibt einmal mehr die Rolle der Kurden in Afrin und in anderen Gebieten Syriens zu bedauern und zu beklagen. Und darauf wird es schlussendlich mit aller Wahrscheinlichkeit hinauslaufen: Einmal mehr werden die Kurden die Opfer sein. Leider ist dies eine voraussehbare Katastrophe: Für die bewaffneten Kräfte innerhalb der kurdischen Bewegung gab es von Beginn an keine Alternative. Der einzige Weg, den sie realistischerweise hätten einschlagen können, war der gemeinsame Weg des anti-imperialistischen Widerstandes, gemeinsam mit den Kräften der syrischen Armee, der russischen Armee, den Kräften der Hisbollah und allen anderen Kräften in der Region, die Widerstand gegen Zionismus und Imperialismus leisten. Das haben sie nicht getan, das tun sie heute nicht.
Vielmehr haben sie sich entschlossen, den „Imperialismus zu instrumentalisieren" wie sie das auch schon nannten.
Das ist weder notwendig noch Schicksal. Vielmehr ist es die freie Entscheidung der Führung der kämpfenden kurdischen Verbände.
Das Ministerium für Versöhnung in Syrien unter dem in der Opposition arbeitenden Minister Ali Haidar reicht den Bewaffneten im Norden Syriens ebenso die Hand zur Versöhnung wie allen anderen kämpfenden Verbänden in Syrien. Das Programm der Versöhnung, des Wiederaufbaus und der Rückkehr der Flüchtlinge ist erfolgreich. Ebenso werden die Kurden auf internationaler Ebene eingeladen und integriert. Am 28. Januar finden in Sotschi erneut Friedensgespräche bezüglich Syriens statt.

Der russische Aussenminister Sergei Lawrov hat am 22. Januar betont: „Kurden sollen an syrischen Friedensgesprächen teilnehmen".[29]
Was soll man von einer kurdischen Führung halten, die derart günstige Bedingungen für eine friedliche Lösung in den Wind schlägt und den bewaffneten Kampf weiterführen will?
Wir sind nicht so zynisch zu sagen: „Jetzt bezahlen sie die Rechnung". Wir sagen jedoch, was wir schon zu Beginn der Krise in Syrien sagten: Der Imperialismus lässt sich nicht instrumentalisie-

[29] ziehe dazu: https://deutsch.rt.com/international/63969-lawrow-kurden-sollen-an-syrischen/ (Zugriff Februar 2018)

ren, der Imperialismus instrumentalisiert. Es gibt für die Völker und Regierungen global keine Alternative zum anti-zionistischen und zum anti-imperialistischen Widerstand. Dieser Widerstand wird von Einzelpersonen geführt, von Bewegungen, von Parteien, in der Hauptsache aber von Staaten und Regierungen, die sich weigern, sich und ihre Völker zu Lakaien des Imperialismus machen zu lassen. Zu dieser Achse des Widerstandes gehören das syrische Volk und die syrische Regierung.
Wir sind auch nicht so zynisch zu sagen: „Wir haben es immer gesagt".
Es gibt keine Alternative für die Kurden in Syrien und anderswo, als sich in den anti-imperialistischen Widerstand einzureihen.
Die Seite der NATO, die Seite der USA , die Seite des Zionismus, das ist die andere Seite der Barrikade.

PS: Kurz bevor ich diesen Artikel aus Damaskus abschicke, erzähle ich einem hier lebenden Freund, dass nun in Europa Demonstrationen stattfinden, weil die türkische Armee die Kurden angreift. „Das ist schön", antwortet er, „warum demonstriert ihr nicht für uns Syrer, uns greifen sie seit 2011 an".
Dem ist nichts hinzuzufügen, ausser vielleicht: Solidarität ist internationale Solidarität oder es ist keine Solidarität.

**Kultur**

In der staatlichen Schule in Tischara, die wir besucht haben, sind sämtliche wissenschaftlichen Fächer und die musischen Fächer ineinander integriert. Die Gestaltung der Räume – innen und aussen – beruht auf dem künstlerischen Konzept von Dr. Muafflak, eine private Initiative also. Er betont jedoch, dass er für diese private Initiative Unterstützung – sowohl moralisch als auch finanziell – vom Staat bekommt. Die Schule untersteht wie alle Schulen in Syrien der Kontrolle des Erziehungsministeriums. Dennoch handelt es sich dabei um ein Experiment – ein sehr erfolgreiches Experiment, wie wir uns überzeugen durften. Beeindruckend ist vor allem, wie in den

Zeiten der Krise und des Krieges sehr viel Wert gerade auch auf die kulturelle Bildung der jungen Menschen gelegt wird.
Die Räume der Bibliothek sind riesig, die darin gelagerten Bücher reichen von der alten Kolonialliteratur der Franzosen (der grosse und der kleine Larousse u.ä.) über die Werke der klassischen arabischen Literatur, Quan as saffa etc. bis hin zu moderner arabischer Literatur und natürlich wissenschaftlichen Werken.
Das Museum zeigt eine afrikanische Abteilung, darin finden wir vor allem die Mitbringsel eines syrischen Afrika-Reisenden aus den Jahren 1914 bis 1923. Vor allem präparierte Tiere wie Gazellen, Löwen, Zebras usw. werden hier gezeigt. Eine weitere Ausstellung zeigt technische Errungenschaften wie Dampfmaschinen, Schreibmaschinen, Telefone, etc. Funde aus der Geologie Syriens wie Steine, Proben von Erdöl und Erze runden das Ganze ab. Wenn das hier ein wenig chaotisch tönt, dann darf nicht vergessen werden, dass dieses Museum nicht vorwiegend für die Öffentlichkeit bestimmt ist, sondern den StudentInnen für ihre Arbeit zur Verfügung steht.
Immer wieder wird in den Gesprächen betont, wie wichtig die Bildung der Jugend ist, immer wieder wird betont, dass das eigentlich ausgezeichnete Bildungssystem Syriens durch Krieg und Krise unterwandert und gestört wird. Kultur und Bildung, sagt man uns nicht nur hier, sind für ein Volk essenziell und müssen unter allen Umständen gefördert werden.

**Schmerz und Solidarität**

Der Anschlag vom 22. Januar 2018 auf Bab Touma kostete 13 Menschenleben und viele Verletzte. Unter den Verletzten ist ein 17-jähriges Mädchen namens Christina, dem ein Bein weggerissen wurde; lange war es fraglich, ob sie nicht auch ihr zweites Bein verlieren würde. Ghassan und seine Familie kennen Christina, obwohl sie aus dem Quartier ist, nicht persönlich. Trotzdem ist es eine Selbstverständlichkeit, sie im Krankenhaus zu besuchen.
Ghassan fragt mich zuvor, ob ich mich vielleicht mit Mother Agnes in Verbindung setzen könne, möglicherweise würde ein Rollstuhl

benötigt, und es wäre schön, wenn wir der Familie von Christina einen anbieten könnten, auf Mar Yakub gäbe es ja genug. Ich schreibe Agnes und die Antwort kommt umgehend: Selbstverständlich stünde ein Rollstuhl zur Verfügung, falls notwendig hätten sie auch Prothesen.
Am Abend besuchen wir Christina. Der Flur zu ihrem Zimmer ist voll Menschen jeden Alters, die sie besuchen und trösten wollen. Natürlich können nicht alle gleichzeitig in ihr Zimmer und so warten wir auf dem Flur. Ghassan spricht mit Christinas Eltern, und ich gebe ihnen die Nummer von Agnes, bei der sie sich bei Bedarf melden können. Wir erfahren, dass eine Delegation vom Büro des Präsidenten bei Christina zu Besuch war, ihre medizinische Versorgung ist gewährleistet. Dennoch sind sie dankbar für das Angebot aus Mar Yakub.
Nach einiger Zeit können wir ins Zimmer, um Christina zu sehen. Bildhübsch, 17 Jahre alt und gefasst liegt sie in ihrem Bett und lächelt die Besucherinnen und Besucher an. Unwillkürlich fällt mir „Ein Brief aus Gaza“ ein, eine Geschichte von Ghassan Kanafani, in welcher der Ich-Erzähler berichtet, wie er Nadja, seine Nichte, besucht, welche durch einen Angriff der Zionisten ein Bein verloren hat. [30] Ebenso schön, ebenso gefasst wie Kanafani Nadja beschreibt, liegt Christina in ihrem Krankenbett, und ich habe Mühe, die Tränen zurückzuhalten.

Draussen stehen noch immer sehr viele Leute im Flur, ein Meer von Blumen, und es kommen immer mehr.
All diese Menschen, die Christina beistehen und trösten wollen, können ihr ihr Bein nicht zurückgeben. Aber die menschliche Wärme und die Solidarität, die hier zu spüren ist, teilt und lindert hoffentlich den Schmerz.

[30] Brief aus Gaza, von Ghassan Kanafani, in: Poesie des Widerstandes, TuP-Verlag, Hamburg

## Flüchtlinge

Ganz Ghouta war lange Zeit von den Todesschwadronen besetzt. Hier kam der Ort vor allem wegen der Giftgaseinsätze in die Schlagzeilen. Mittlerweile ist der Westteil des Ortes vollständig befreit und nur im Osten sitzen noch immer, wie einst in Aleppo, die Banden. Während unseres Aufenthaltes erfahren wir, dass 5.000 Flüchtlinge nach West-Ghouta zurückkehren. Dies ist ein landesweiter Trend: Sobald die Regierung eine Stadt oder Region für sicher erklärt, kehren die Flüchtlinge zurück und das Wiederaufbau-Programm, oft in Zusammenarbeit mit der SSNP, beginnt.

Diese Politik gegenüber Flüchtlingen hat in Syrien durchaus Tradition. Der Einheitsgedanke manifestiert sich dadurch, dass sich diese Politik eben nicht nur auf syrische Flüchtlinge beschränkt. Die palästinensischen Flüchtlinge zum Beispiel geniessen dieselben Rechte wie alle Einheimischen – ausser dem Stimm- und Wahlrecht natürlich. Während der Aggressionen gegen den Irak nahm Syrien Hunderttausende, wenn nicht Millionen Irakis auf. Uns wird berichtet, dass 2006 während der israelischen Aggression gegen den Libanon an den Lebensmittelgeschäften Syriens Schilder hingen, auf denen stand: „Zeig deinen libanesischen Ausweis und du bekommst alles umsonst“. So wurden damals die libanesischen Flüchtlinge unterstützt.

Diese humanitäre Haltung Syriens wird dem Land heute schlecht gedankt, sowohl von den Internationalen Organisationen, als auch von den Regierungen der meisten Nachbarländer.

## Lügen!

Auf der Fahrt zum Flughafen von Damaskus nach Beirut passieren wir den Ort Zabadani. Unser Fahrer erzählt uns, er selber käme aus Zabadani, die Terrorbanden hätten den Ort lange Zeit besetzt gehabt. Der syrischen Armee sei es gelungen, Korridore zu schaffen, durch welche die Bevölkerung Zabadanis habe flüchten können. Dann wurde Zabadani angegriffen und vollständig befreit, die Banden wurden getötet, gefangen genommen oder vertrieben. Sofort darauf seien

die geflüchteten Menschen nach Zabadani zurückgekehrt, um ihre Häuser und Geschäfte wieder aufzubauen. Heute sei es in Zabadani fast wieder wie zuvor.
In den Sendern al-Jazeera und al-Arabia, beides westlich orientierte Sender, sei nach der Befreiung von Zabadani die Nachricht gekommen, die syrische Armee habe Zabadani zerstört, nun würde sie die Christen und die Sunniten daran hindern, nach Zabadani zurückzukehren, weil die Stadt rein schiitisch werden solle. Empört sagt der Fahrer: „Lügen, alles Lügen! Wir sind Christen und meine Familie ist zurück in Zabadani. Es wohnen wieder alle dort, Christen, Schiiten und Sunniten. Ich sage euch, es ist wieder wie vor den Angriffen durch die Banden! Lügen, alles Lügen. Sie verbreiten Lügen gegen die Regierung!"

# Anstelle eines Nachwortes

Wie bereits oben dargelegt, lösen wir mit diesem Buch ein Versprechen ein: Wir schildern Ihnen, liebe Leserin, lieber Leser, was wir in Syrien in Zeiten des Krieges und des Angriffes direkt erlebt und von den Menschen vor Ort erfahren haben. Diese Berichte sind nicht „neutral". Wir nehmen Partei: Für das angegriffene Land Syrien, für dessen Menschen, für dessen Widerstand, gegen die imperialistischen und zionistischen Angriffe.

Zur Zeit da dieses Buch ausgeliefert wird, kann die Lage in Syrien als verhalten optimistisch bezeichnet werden: Ost Ghouta ist so gut wie frei von den Terrorbanden, ebenso wie im Grossen und Ganzen alle anderen Gebiete Syriens. Der gefürchtete Gebietsgewinn des „Islamischen Staates" konnte unter grossen Opfern weitgehend verhindert werden. Dies schliesst natürlich nun keineswegs aus, dass bewaffnete Banden nicht weiterhin versuchen werden, in Syrien Angst und Terror zu verbreiten. Gleichwohl konnte von uns beobachtet werden, dass das Land langsam zu einem normalen Rhythmus zurück findet. Dies gilt zumindest für alle Regionen Syriens, die unter der Kontrolle der Armee, bzw. unter Kontrolle der Regierung sind.

Anders sieht die Situation im Norden, in den sogenannten „Kurdengebieten" aus. Diese Gebiete als „kurdische Enklaven" zu bezeichnen ist eine weitere Lügengeschichte des Westens und der westlichen Medien. Es handelt sich bei diesen Gebieten um einen festen Bestandteil des souveränen syrischen Staates, nicht um „eine Enklave".

Unter einer Enklave versteht man ein Staatsgebiet, welches vollständig innerhalb eines anderen Staatsgebietes liegt, und somit komplett von einem fremden Staat umschlossen ist. Die Region von Afrin, nahe an der türkischen Grenze ist jedoch bis hin zur Region von al-Qamischli, nahe der Grenze zur Türkei, bis zur Grenze zum Iran und zum Irak syrisches Territorium – von einer „Enklave" kann keine Rede sein.

Die Souveränität des syrischen Staatsgebietes wird durch solche Sprachregelungen in Frage gestellt.

Dies gilt übrigens ebenso für die Region von Iskanderun, die sogenannte Hatay Ebene und selbstverständlich auch für die Golan Höhen. Diese Ansprüche Syriens werden von niemandem, auch nicht von den zuständigen UNO Gremien bestritten.
Dennoch will der Westen die Zerschlagung Syriens nun da die Balkanisierung seiner Gesellschaft offensichtlich gescheitert ist, dennoch vorantreiben. Dies geschieht mit einer ganzen Reihe von Verbrechen gegen den syrischen Staat und gegen das syrische Volk, die wichtigsten seien hier nochmals genannt:

– Sämtliche bewaffneten Kräfte, die sich ohne die ausdrückliche Legitimation der syrischen Regierung im Land aufhalten, treten internationales Recht vor den Augen der Weltöffentlichkeit mit Füssen. Damit degradieren sie das internationale Völkerrecht zu Makulatur. Das ist ein Verbrechen.

– Die Militärbasen der USA im Norden Syriens sind ein illegaler Akt der Besatzung, das ist ein Verbrechen.

– Das von der EU und den USA vorangetriebene Embargo gegen Syrien kann durch nichts gerechtfertigt werden. Sämtliche Anschuldigungen gegen Syrien bleiben Behauptungen, auf Beweise wartet die Weltöffentlichkeit noch immer. Das ist ein Verbrechen. Zur Erinnerung: Auch scheinbar neutrale Staaten wir die Schweiz und andere beteiligen sich am Embargo. Das Embargo wurde jedoch nicht von den zuständigen Gremien der UNO beschlossen. Vielmehr handelt es sich dabei um eine isolierte Entscheidung der USA und der NATO Staaten, Vasallen dieser Mächte vollziehen mit.

Die seit mindestens 2011 anhaltende Kriegshetze in den westlichen Medien ist ein weiteres Verbrechen. Von einigen wenigen objektiven und lauteren JournalistInnen abgesehen, welche meist gezwungen sind, in Nischenprodukten zu publizieren, ist die veröffentlichte Meinung antisyrisch und kriegshetzerisch und basiert auf Lügen.

Die EU, die USA, die NATO werden von den westlichen Medien als „Friedensmächte“ dargestellt. In Tat und Wahrheit sind es genau diese Kräfte, welche friedensunfähig sind und die gemeinsam mit ihren Vasallen die Welt angreifen und durch ihre Aggressionspolitik den Weltfrieden verhindern. Täglich bringen sie unsere Welt durch ihre atomaren und sonstigen Massenvernichtungswaffen einen Schritt näher an die endgültige Zerstörung.

Das sind keine schönen Worte am Ende eines Buches. Wir sind jedoch der Meinung, dass wir eine Gefahr erst erkennen müssen, bevor wir mit dieser Gefahr adäquat umgehen können. Ohne jeden Zweifel sind die USA, die NATO, die mit ihnen verbandelten Kräfte wie Israel, die Öl-Oligarchien und andere Vasallen eine Todesgefahr für ausnahmslos alle Menschen dieses Planeten, nicht nur für Syrien, diesem tapferen und wunderschönen Land, von dem hier die Rede ist.

Liebe Leserin, lieber Leser, wir wünschen Euch allen viel Mut zur Erkenntnis und viel Mut zum Widerstand!

# Danke!

Bleibt uns ganz zum Schluss noch, uns zu bedanken: Zuerst und vor allem danken wir dem syrischen Volk, der syrischen Armee und all unseren Freundinnen und Freunden in Syrien, welche tapfer und mit einer grossen politischen Klarheit Widerstand gegen diese Angriffe leisten.

Wir danken denen, die uns auf unseren Reisen Auskunft gegeben haben und die uns beherbergt und bewirtet haben, namentlich danken wir den Brüdern und Schwestern des Klosters Mar Yakub, die eine unglaublich solidarische und tapfere Arbeit leisten.

Wir bedanken und bei Frau Henriette Koller und Herrn Ghassan Achhab für ihre kompetenten und geduldigen Übersetzungen aus dem Arabischen, ohne sie hätten wir dieses Buch nicht realisieren können.

Danke auch an Frau Toni Brinkmann für die fachliche Durchsicht des Manuskripts.

Wir bedanken uns bei allen Mitarbeiterinnen und Mitarbeitern des TuP-Verlages Hamburg, einer der letzten Oasen in der medialen Wüste Westeuropas.

Am Schluss, aber nicht zuletzt, bedanken wir uns bei allen Menschen, die solidarisch zu allen Gesellschaften, die durch den Imperialismus angegriffen werden, stehen. Ihr seid es, die Licht ins Dunkel bringen, ihr seid die Basis der Menschlichkeit und des anti imperialistischen Widerstandes!

Gerne sind wir bereit mit allen über unsere hier veröffentlichten Inhalte zu diskutieren, sei es in Form eines Austausches per Email (buendnis.gegenkrieg@gmx.net) oder indem Sie uns zu Vorträgen, Referaten oder Diskussionen einladen. Wir freuen uns auf jeden Kontakt mit Ihnen!

Die AutorInnen

Eva Heizmann und
Markus Heizmann

**Empfehlungen zum weiter lesen:**

Gute Literatur zum Thema Syrien / Imperialismus steht meist nicht auf den Bestsellerlisten der grossen Verlage. Ebenso verhält es sich mit kritischer Literatur zur westlichen Aggressionspolitik. Dennoch – gerade deswegen – listen wir hier einige der Bücher auf, die unserer Meinung nach in keinem Bücherregal fehlen dürfen:

Karam Khella, Syrien – Von der Wiege der Menschheit bis zur Krise, TuP-Verlag, Hamburg

Karam Khella, Geschichte der arabischen Völker von den Anfängen bis zur Gegenwart, TuP-Verlag, Hamburg

Karam Khella, Imperialismus heute – Krieg und Frieden, Tup Verlag, Hamburg

Karin Leukefeld, Syrien zwischen Schatten und Licht, Rotpunktverlag, Zürich

Tim Anderson, Der schmutzige Krieg gegen Syrien, Liepsen Verlag, Marburg

Daniel Maes, Poetin & Assad hebben ons leven gered, de blauwe tijger verlag, Gronningen

Edward W. Said, Orientalismus, Fischer Verlag, Frankfurt a.M.

M.D. Nazemroya, The Globalization of NATO, Clarity Press, Roswell

AutorInnenkollektiv, LügeMachtKrieg, RISALA Nr. 9, TuP-Verlag, Hamburg

Gérard Degeorge, Damaskus, Band 1 & 2, Turia und Kant Verlag, Wien

Frantz Fanon, Die Verdammten dieser Erde, rororo, Reinbek

Gabarati, Bonaparte in Ägypten, Ex libris, Dietikon

Aktham Suliman, Krieg und Chaos in Nahost- Eine arabische Sicht, Nomen Verlag, Frankfurt